Inhalt

Versuche über Trauer, Regression und Tod

Der Stellenwert der psychoanalytischen Methode in der wissenschaftlichen Diskussion

Wissenschaftliche Konjunkturen an den germanistischen Seminaren setzen sich erst mit erheblichen zeitlichen Verzögerungen in den Fachbüchern für den Deutschunterricht um, noch später halten sie – vermittelt über das Engagement und den Überblick des einzelnen Lehrers – Eingang in die Praxis im Klassenzimmer. Am sinnfälligsten ist diese Ungleichzeitigkeit am Beispiel des gesellschaftskritischen Ansatzes der Literaturinterpretation zu studieren. War in den späten 60er und frühen 70er Jahren kein Deutschseminar denkbar ohne die Fragestellung nach der gesellschaftlichen Relevanz der Literatur und des eigenen wissenschaftlichen Tuns, so schlug sich dieser Ansatz der Literaturanalyse in den Lesebüchern, Arbeitsbüchern und Lehrerhandreichungen erst mit 5jähriger Verspätung nieder. Heute verfahren vor allem die Lehrer aus der Generation der Studentenbewegung im Deutschunterricht nach dieser Methode, obwohl sie im universitären Bereich längst als „out" gilt und die Tendenzwende im gesellschaftlichen Denken auch bei unseren Adressaten, den Schülern, wachsenden Widerstand gegen stereotype gesellschaftliche oder soziale Erklärungen von Literatur hervorgerufen hat.

Diese phasenverschobene Adaption hochschulwissenschaftlicher Theorien und Methoden scheint für eine Disziplin innerhalb der Germanistik nicht zu gelten: für den psychoanalytischen Ansatz. Er hat bislang keinen nennenswerten Widerhall im schulischen Bereich gefunden, obwohl er an großstädtischen Universitäten wie Berlin, Frankfurt und Hamburg von der Ablösung der zuvor unangefochten herrschenden werkimmanenten Methode in den 60er Jahren profitierte. In vielen Forschungsbereichen kam

dieser Ansatz im Rahmen des breitgefächerten Methodenpluralismus Anfang der 70er Jahre durchaus zu universitärer Geltung. In der Schule muß man das Gegenteil konstatieren. Die Zahl der Veröffentlichungen zur psychoanalytischen Literaturbetrachtung für den Schulgebrauch lassen sich an einer Hand abzählen. Jürgen W. Goette widmet ihr innerhalb seines Methodenüberblicks mit interpretatorischen Beispielen immerhin 28 Seiten.[1] Heiner Willenberg hat ein zusammenhängendes Unterrichtsmodell über den „Begriff des Unbewußten" bei Freud und in der Literatur vorgelegt.[2] Die bekannten Didaktiker des Deutschunterrichts meiden bisher diesen Ansatz. Selbst in Arbeitsbüchern für den Oberstufenunterricht, die in jüngster Zeit in großer Zahl veröffentlicht wurden, finden sich weder theoretische Beiträge zu diesem Verfahren noch irgend welche praktischen Anwendungsversuche. In dem von Robert Ulshöfer herausgegebenen „Arbeitsbuch Deutsch" in zwei Bänden für den Unterricht in der Sekundarstufe II[3] finden sich immerhin Texte aus der Schule der Psychoanalyse. Sie sind jedoch bezeichnenderweise nicht aufgeführt im Kapitel „Probleme der Textauslegung", sondern unter der Rubrik „Mensch und Gesellschaft". Diese Zuordnung markiert deutlich die Relevanz, die der Herausgeber der Psychoanalyse beimißt. Sie ist kein Analyseinstrument, sondern Dokument einer bestimmten Weltsicht und Anthropologie. Man soll diese Texte lesen wie Sachtexte, aber ohne exegetische Nutzanwendung.

Woher kommt diese Scheu vor einem Ansatz der Literaturbetrachtung, der doch bestenfalls befruchtend, ergänzend und abrundend, schlimmstenfalls provozierend und

---

1 J. W. Goette, Methoden der Literaturanalyse im 20. Jahrhundert, Frankfurt/M. 1975, S. 7ff.
2 Heiner Willenberg, Die Entdeckung des Unbewußten, Stuttgart 1979.
3 Robert Ulshöfer, Arbeitsbuch Deutsch (Sekundarstufe II), Bd. 1. Hannover 1979, S. 294ff.

Gesichertes in Frage stellend wirken könnte?

Diese Frage führt uns zu der Kritik, die die Psychoanalyse seit ihrer Entstehung von Seiten der Literaturwissenschaft erfahren hat. In diesen zum Teil heftigen und das Beleidigende streifenden Attacken muß man wohl die Ursachen letztlich suchen, die die für schulische Anwendung verantwortlichen Instanzen – Verlage, Autoren und Behörden – gegen diesen anstößigen Ansatz immunisierten.

Von Karl Kraus stammt das bissige Verdikt, „Psychoanalyse sei jene Geisteskrankheit, für deren Therapie sie sich hält."[4] Neben solchen überspitzt-negativen Positionen gab und gibt es in der Literaturwissenschaft ernsthafte Kritikansätze. Walter Muschg hat 1930 in einem fundierten Aufsatz die Vorgehensweise der psychoanalytischen Interpreten einer eingehenden Kritik unterzogen. Vom Standpunkt des hermeneutisch geschulten Interpreten kritisiert er bei der Psychoanalyse die „Mißachtung der integralen schöpferischen Persönlichkeit"[5]. Nicht das „ästhetische Geheimnis" der Poesie werde von ihr aufgespürt, sondern im Stile eines den Zynismus streifenden Rationalismus würden psychologische Prozesse beim Dichter seziert. Wolfgang Kayser, der Exponent der formalistischen Germanistik nach 1945, kritisiert in seinem Standardwerk „Das sprachliche Kunstwerk" die Vernachlässigung der sprachlichen Gestalt der Werke durch die Psychoanalyse und deren Verwischung der Grenzziehung zwischen literarischen und außerliterarischen Äußerungen eines Menschen.[6] Hermann Pongs schließlich, um einen dritten der großen Germanisten zu nennen, bemühte sich um eine differenzierte Position gegenüber dieser provokanten Außenseitermethode. In seinem 1933 erschienenen Aufsatz „Psychoanalyse und Dichtung"[7] stellt er die drei wesentlichen Literaturinterpretationen Freuds auf den fachwissenschaftlichen Prüfstand (Ödi-pusdrama des Sophokles, Hamlet, Die Brüder Karamasoff). Er erkennt beachtenswerte Aspekte bei den Freudschen Deutungen, während er anderes mißbilligt. Summa summarum kommt er zu dem Ratschlag an seine Fachkollegen, die produktiven Impulse der Psychoanalyse in die germanistische Wissenschaft zu integrieren, Unbrauchbares jedoch auszugrenzen. Unter letzterem verstand er das Freudsche Axiom, Dichtung als Symptom des neurotischen Dichters zu verstehen.[8] Der Verständigung mit der Psychoanalyse gab Pongs noch 1933 eine aussichtsreiche Perspektive, ohne zu ahnen, daß die braunen Machthaber diese Wissenschaft als „semitische Schweinerei" der staatlich verordneten Barbarei preisgaben.

Adorno, der feinsinnige Ästhet und Kulturphilosoph, vermochte der Psychoanalyse nicht viel positiven Erkenntniswert im Bereich der Ästhetik abzugewinnen. Er kritisierte die Mißachtung der „Formkategorien der Kunst" bei gleichzeitiger Überbetonung der „Hermeneutik der Stoffe". Die Überbetonung des Momentes der Fiktion im Dichterischen sah er als notwendiges Produkt der Gleichsetzung von Werk und Traum.[9]

Was ist von den hier in Kürze referierten Kritikpunkten an der Psychoanalyse zu halten, die letztlich in dem Vorwurf kulminieren, die Psychoanalyse betreibe durch ihren

---

4 Karl Kraus, Beim Wort genommen. Gesammelte Werke, Bd. 3, München 1955, S. 351 (Hg.: Heinrich Fischer).

5 Walter Muschg, Psychoanalyse und Literaturwissenschaft, in dem Sammelband gleichen Namens, Hg.: Bernd Urban, Tübingen 1973, S. 161.

6 Wolfgang Kayser, Das sprachliche Kunstwerk. Eine Einführung in die Literaturwissenschaft, Bern 1963, S. 277.

7 Hermann Pongs, Psychoanalyse und Dichtung, in: Urban 1973 (s. Anm. 5), S. 220.

8 a.a.O., S. 256

9 Th. W. Adorno, Ästhetische Theorie, in: Gesammelte Schriften, Hg.: Gretel Adorno und Rolf Tiedemann, Frankfurt/M. 1970, S. 20.

spezifischen Zugang die Abschaffung der Kunst?

Freud selber hat im Grunde schon vor der Annahme einer omnipotenten deterministischen Kraft seiner Lehre bei der Literaturexegese gewarnt. Er gestand ein, daß es unmöglich sei, alle Faktoren im Entstehungs- und Wirkungsprozeß eines Kunstwerkes psychoanalytisch aufzulösen: „Wir müssen zugestehen, daß auch das Wesen der künstlerischen Leistung uns psychoanalytisch unzugänglich ist."[10] Psychoanalytische Literaturinterpretationen gehen in zwei Richtungen: Sie untersuchen das Verhältnis des Dichters zu seinem Werk (Werkgenese) und untersuchen die Wirkung der Personenkonstellation und des Handlungsgefüges auf das Publikum (Wirkungsästhetik). K. R. Eissler nannte diese beiden Ansätze den „exopoetischen" Zugang (Biographie) und den „endopoetischen" Zugang (Werk als Textgefüge).[11] In der konkreten Werkanalyse fließen beide Ansätze oft zusammen, vorausgesetzt, man verfügt über genügend biographisches Material zur Lebensgeschichte des Dichters. Der biographische, exopoetische Ansatz ist schon bei Freud der dominierende, und auch in der Folgezeit gingen die Adepten dieser Theorie Kunstwerke in erster Linie von dieser Seite an. Daß hierbei sehr viel an Spekulativem, Unabgesichertem und Anfechtbarem gezeitigt wurde, kann man verstehen, wenn man sich vor Augen hält, wie akribisch Forscher aus der positivistischen Germanistenschule zu Werke gehen mußten, um eine brauchbare Biographie über einen Dichter zu erstellen.

Wo bewährt sich die psychoanalytische Methode? Emil Staiger prägte in den 50er Jahren die berühmte Formel, die Interpretation von Poesie habe „zu begreifen, was uns ergreift."[12] In Abwandlung dazu könnte man als Erkenntnisziel der Psychoanalyse postulieren, sie müsse „begreifen, was uns abstößt".[13] Es ist sicher kein Zufall, daß Freud selber solche Stoffe der Weltliteratur für sein

tastendes Erproben der Psychoanalyse auf dem Felde des Ästhetischen aussuchte, in denen Abstoßendes oder Anstößiges im Zentrum stand: Vatermord (Hamlet, Die Brüder Karamasoff), Wahnsinn und Selbstmord (Der Sandmann), Wahnsinn („Gradiva"), Vatermord und Inzest („König Ödipus"). Dort, wo die klassische Germanistik mit ihren erprobten Methoden und ihrer Scheu vor dem großen Kunstgebilde zu seltsam blassen, sich ins Existentiell-Unverbindliche rettenden Erklärungen kam, gelang der Psychoanalyse oft ein frappierend neues Verständnis, eine Art Tiefensicht, die selbst die Gegner bestach. Was bisher als „Getriebenheit" des Menschen, etwa bei Figuren wie Woyzeck, Thiel, Nathanael, Georg („Das Urteil"), bezeichnet wurde, führt die Psychoanalyse auf latente Konfliktsituationen zurück und erhellt so durch die Aufdeckung des Triebschicksals auch die äußerlich sichtbare Handlung. Wichtig ist also bei der psychoanalytischen Methode die Auswahl der Stoffe. Hier wurde von den Adepten der Freudschen Lehre sehr viel Mißbrauch getrieben, was die Vorurteile gegen diese Methode verstärkte und viele berechtigte Aversionen hervorrief. Leute wie Rank, Stekel, Reik und Groddeck begriffen Literatur fast nur noch als Ausdruck unterdrückter Inzestwünsche oder latenter neurotischer Störungen beim Dichter. So gesehen wird Literaturanalyse reine Pathographie. Das was Freud als Reste von Unauflösbarem, als ästhetisches Phänomen bezeichnete,

---

10 Freud, Eine Kindheitserinnerung des Leonardo da Vinci, in: Studienausgabe Bd. X, Frankfurt/M. 1969, S. 157.

11 K. R. Eissler, Discourse on Hamlet and „Hamlet". A Psychoanalytic Inquiry, New York, 1971, S. 462.

12 Emil Staiger, Die Kunst der Interpretation. Studien zur deutschen Literaturgeschichte, Zürich 1963, S. 10f.

13 Michael Rutschky, Lektüre der Seele, Frankfurt/M. 1981, S. 76.

wurde von dem Schematismus der Epigonenschule eingeebnet.

Es liegt auf der Hand, daß die Psychoanalyse bei der Interpretation sozialer und politischer Literatur nichts Nennenswertes wird beisteuern können. Bei Dichtern wie Brecht, die reißbrettartig konstruierte, didaktische Literatur entwarfen, wird sie über vage Vermutungen bezüglich der Ursachen dieses aufklärerischen Impetus nicht hinausgelangen. Dies ist dann aber keine Werkanalyse mehr. Überhaupt liegt darin eine wesentliche Schwäche der Psychoanalyse, daß sie die sozialen Umweltfaktoren, die Literatur auch bedingen und die durch die Individualität des Dichters hindurchwirken, kaum zu analysieren vermag. Deshalb ist allen, die sich mit dieser Methode der Deutung von Dichtung befassen wollen, kluge Selbstbeschränkung bei der Stoffauswahl und Behutsamkeit bei der analytischen Arbeit anzuraten.

Ist die Einbeziehung der psychoanalytischen Methode der Textbetrachtung in den Unterricht durch die behördlichen Erlasse abgedeckt? Alle mir bekannten Lehrpläne der Bundesländer lehnen eine Festlegung auf *einen* methodischen Zugang bei der Analyse von Literatur ab. Pluralismus in der Methode soll nicht nur Ausdruck von Toleranz und Entscheidungsfreiheit für den Lehrer sein, sondern wird von der Sache selbst her als notwendig und sinnvoll erachtet. So schreibt der Berliner Rahmenplan für das Fach Deutsch auf der Oberstufe: „Erst eine Kombination verschiedener methodischer Perspektiven (z. B. werkimmanenter, biographischer, allgemeingeschichtlicher, soziologischer, wirkungsgeschichtlicher) sichert die Einsicht in die historische Verflechtung des einzelnen literarischen Phänomens."[14]

Die Aufzählung in der Klammer kann man getrost durch die Nennung der psychoanalytische Methode ergänzen. Die werkimmanente Methode ist m. E. bei jedem Interpretationsansatz unverzichtbar. Die Analyse von Literatur muß immer den Ausgang nehmen beim Text selber. Von ihm aus stellen sich dann die Fragen, zu deren Beantwortung wir die anderen Verfahrensweisen heranziehen. Dieser Grundsatz sollte auch für die psychoanalytische Methode gelten. Gerade um den Schematismus in der Schlußfolgerung zu vermeiden, den man in der Vergangenheit zu Recht kritisierte, muß eine subtile Textarbeit und ein immanentes Verständnis jedem psychoanalytischen Deutungsschritt vorausgehen. Dieses Postulat ergibt sich sogar aus einem Deutungsprinzip der Psychoanalyse selber. Oft macht diese Methode sich an auffällig Nebensächlichem fest, fühlt sie sich durch Ephemeres zur Deutungsarbeit herausgefordert. Freud untersuchte z. B. bei der Lektüre von Goethes „Dichtung und Wahrheit" die Stelle, an der das Kind in einem Wutanfall Spielzeug und Geschirr aus dem Fenster wirft. Diese Stelle, die andere Interpreten allenfalls als lustige kindliche Episode betrachten, wird für Freud zum Angelpunkt einer Persönlichkeitsdeutung des heranwachsenden Goethe.

Gesichtspunkte für eine didaktische Begründung des Unterrichtsprojekts

Daß Literatur Antworten geben kann auf Fragen, die das Leben an uns stellt, scheint unbestritten. Daß ein guter Deutschunterricht dazu beitragen kann, dieses Fragen und Antworten in Gang zu halten, gewinnt erst neuerdings wieder an Gewicht. In den letzten zehn Jahren sahen wir uns als Lehrer einer Schülergeneration gegenüber, die analog zur politisch-geistigen Kultur, in der sie

14 Vorläufiger Rahmenplan für Unterricht und Erziehung in der Berliner Schule, Gymnasiale Oberstufe, Fach Deutsch, Berlin 1977, S. 6.

8

groß wurde, das Soziale und Politische im engeren Sinne in den Mittelpunkt des Interesses rückte und vom Deutschunterricht verlangte, zur humanen Gesellschaftsveränderung Erhellendes und Nützliches beizutragen. Viele Lehrer folgten diesem Ansinnen willig oder auch freudig, waren sie doch ebenfalls Kinder dieser emanzipatorischen Stimmungslage der Nation. Ökonomische und soziale Veränderungen, die zu analysieren hier kein Raum ist, haben zu dem geführt, was man „Tendenzwende" genannt hat. Lebenswelt, Erfahrungswelt, das „Recht der nächsten Dinge" rückten wieder in den Mittelpunkt. Die „Ernstnahme des einzelnen"[15], Individualismus und Innenschau lösten den Blick auf das Ganze ab. Wir sehen uns heute Schülern gegenüber, die nicht mehr bereit sind, sich vorschnell als Mitglieder in gesinnungsmäßig orientierten Kollektiven zu verstehen. Sie verstehen sich als Individualitäten, durchaus mit narzißtischer Komponente. Wo die Jugendmode der 60er Jahre gleichmacherisch verfuhr („Jeans als die demokratischste Bekleidung der Welt"), gilt heute das auffällige Verkleiden, das die Aufmerksamkeit auf den einzelnen lenken soll. Diese Besinnung auf das eigene Ich mit all den Verwerfungen und Verabsolutierungen, die Ichbezogenheit zeitigt, ist ein günstiges Medium für eine Methode des Textverständnisses, die Individualpsychologisches, die Verstrickungen des Ichs zum Ausgangspunkt der Deutung macht. Man kann ohne psychologische Vorgehensweise heute schon sehen, daß auf Schüler die Figuren eine Faszination ausüben, die in ihrem Denken und Handeln das Abgründige der menschlichen Seele offenbaren.

Und ein ganz anderer Aspekt soll hier noch zur Begründung des psychoanalytischen Verfahrens im Unterricht angeführt werden: Es ist nicht zu leugnen, daß Haß und Gewalt im zwischenmenschlichen Bereich und im Gefüge der Staaten merklich zugenommen

haben. Die Gewaltschwelle und die Drohschwelle für Gewaltanwendung haben sich im Zuge der Anonymisierung und Standardisierung unserer Massenzivilisation gesenkt. Vielleicht bedingen sich auch die Anonymisierung, die Zurückgeworfenheit des Individuums auf sich, und die Neigung zu aggressiven Handlungen gegenseitig. Freud schrieb *vor* Auschwitz, Dresden und Hiroshima in seiner Schrift „Das Unbehagen in der Kultur": „Die Schicksalsfrage der Menschenart scheint mir zu sein, ob und in welchem Maße es ihrer Kulturentwicklung gelingen wird, der Störung des Zusammenlebens durch den menschlichen Aggressions- und Selbstvernichtungstrieb Herr zu werden. In diesem Bezug verdient vielleicht gerade die gegenwärtige Zeit ein besonderes Interesse. Die Menschen haben es jetzt in der Beherrschung der Naturkräfte so weit gebracht, daß sie es mit deren Hilfe leicht haben, einander bis auf den letzten Mann auszurotten. Sie wissen das, daher ein gut Stück ihrer gegenwärtigen Unruhe, ihres Unglücks, ihrer Angststimmung."[16]
Und an anderer Stelle schreibt Freud: „Der Primat des menschlichen Intellekts [im Gegensatz zum menschlichen Triebleben, R. W.] liegt gewiß in weiter, weiter, aber wahrscheinlich doch nicht in unendlicher Ferne."[17]
Dieser Kulturpessimismus erscheint uns heute, wenn wir die sozialpathologische Bilanz dieses Zeitalters ziehen, nicht übertrieben. Wir sind heute eher geneigt, angesichts der düsteren Erscheinungen unserer Epoche, die Zweifel Freuds an der Glücksfähigkeit des Menschen zu teilen.

---

15 Odo Marquard analysiert in einem Essay die Aspekte dieser Tendenzwende: O. Marquard, Abschied vom Prinzipiellen, Stuttgart 1981.
16 Freud, Das Unbehagen in der Kultur, Frankfurt/M. 1953, S. 128f.
17 Freud, Die Zukunft einer Illusion, Frankfurt/M. 1967 (Fischer-Taschenbuch 6054), S. 133.

Die Schüler werden sich mit solch düsteren Gemälden nicht zufrieden geben. Sie verlangen nach Aufklärung, nach Erhellung der pessimistischen Weltsicht, die Freud uns in seinen kulturkritischen Schriften nahelegt. Den Schlüssel für das Verständnis seines pessimistischen Menschenbildes hat er selbst geliefert. Ihn benutzen wir bei der Analyse der literarischen Werke in unserem Kurs. Es ist die Einsicht in die Tiefen und Untiefen der menschlichen Psyche. „Jeder Mensch ist ein Abgrund" – formulierte Büchner rund 50 Jahre vor Freud und nahm damit eine zentrale Einsicht Freuds vorweg. Freud drehte die Pointe von Novalis „Jeder Mensch ist eine kleine Gesellschaft" um, indem er formulierte: „Jede Gesellschaft ist ein umfangreicher Mensch." Wenn wir also ergründen, was den einzelnen bewegt, umtreibt, zur Aggression gegen den anderen einzelnen veranlaßt, dann – so muß der Freudsche Satz verstanden werden – haben wir erkannt, was die Friedfertigkeit im großen, im Nebeneinander von Gruppen, Staaten und Nationen verhindert. In diesem Sinn ist die Beschäftigung mit der Psychoanalyse im Unterricht ein kleines Stück Friedensarbeit.

Kommentierte Bibliographie

Beim Literaturüberblick muß man unterscheiden zwischen Werken, die zur Fachwissenschaft „Psychoanalyse" gehören, die also rein psychologisch-klinischer Natur sind, und den Werken, die den Bereich der Anwendung der Psychoanalyse auf die Literatur betreffen. Die Literatur zum ersten Komplex ist schier unermeßlich und selbst für Psychoanalytiker nicht mehr zu überblicken. Wir beschränken uns hier auf das wesentlichste, das der Lehrer für die Vorbereitung des Kurses benötigt und das er eventuell in Form eines Handapparates den Schülern zur Verfügung stellt.

Inzwischen gibt es zwei *Freud-Ausgaben*. Neben der Studienausgabe aus dem Jahre 1969 in 10 Bänden (Conditio Humana, Fischer-Verlag) gibt es neuerdings eine textidentische Taschenbuchausgabe, die bedeutend preiswerter ist. In diesen beiden Ausgaben findet der Lehrer alle wesentlichen Schriften Freuds in sorgfältiger Edition gesammelt; ausführliche Bibliographien, Namen- und Sachregister ermöglichen ein wissenschaftliches Arbeiten, aber auch dem interessierten Laien einen leichten Umgang mit dem gigantischen Werk des Begründers der Psychoanalyse.

Neben diesen beiden Gesamtausgaben gibt es noch die wichtigsten Veröffentlichungen Freuds in Form von Taschenbüchern im Fischer-Verlag. Dieser Hinweis dürfte für Schüler interessant sein, da sie kaum in der Lage sein werden, die Gesamtausgaben zu erwerben.

Von den Schriften zu Literatur und Kunst sind in der Taschenbuchreihe nur wenige erschienen:

S. Freud, Der Wahn und die Träume in W. Jensens „Gradiva", Fischer Tb 6172, Frankfurt/M. 1973

S. Freud, Die Traumdeutung, Fischer Tb 6344, Frankfurt/M. 1977 (hierin finden sich die wichtigen Deutungen des „Hamlet" und des „König Ödipus" von Sophokles)

Alle anderen wichtigen Literatur- und Kunstdeutungen Freuds finden sich im 10. Band der beiden Gesamtausgaben. Die bedeutendsten davon sind:

„Eine Kindheitserinnerung des Leonardo da Vinci" (1910):
Anhand eines kleinen Erinnerungssplitters des alten Leonardo aus seiner frühesten Kindheit deutet Freud die Persönlichkeit des Malers. Er geht davon aus, daß das Bewußtsein von der illegitimen Geburt des Kindes

und eine übergroße Zärtlichkeit der Mutter sowohl homoerotische Neigungen als auch die Übersetzung von Libido in Wissensdrang zur Folge gehabt habe. Diese These wird von Kunsthistorikern wie z.B. von O. F. Gmelin („Anti Freud", Schauberg 1975) bestritten.

„Dostojewski und die Vatertötung" *(1827/28):*
Freud deutet den Roman „Die Brüder Karamasoff" als „poetisches Geständnis" eines Urverbrechens, des Vatermordes. Freud unterschiebt nicht nur dem faktischen Vatermörder Smerdjakoff, sondern allen anderen Brüdern – außer der Kontrastgestalt Aljoscha – die gleichen Vatermordgelüste. Diese führt er zurück auf eine durch die brutale Gestalt des Vaters zerstörte Kindheit.

„Der Wahn und die Träume in W. Jensens ‚Gradiva'" *(1906/7):*
Freud zeigt, wie sich in wahnhaften Träumen der Hauptgestalt der Novelle das verdrängte Unbewußte Bahn bricht. Die Heilung erfolgt durch die frühere Geliebte, die den Liebeswahn durchschaut und den Bann der traumhaften Manifestation (der Mann verliebt sich in ein antikes Relief – die „Gravida") bricht. Freud verfährt hier nach dem Muster seiner Traumdeutung, indem er hinter der manifesten Traum*gestalt* den latenten Traum*gehalt* aufdeckt. Die Heilung erfolgt durch Analyse, d.h. durch die Erkenntnis des Verdrängungsmechanismus.

„Der Dichter und das Phantasieren" *(1907/8):*
In dieser Schrift gibt Freud eine zusammenfassende Darstellung seiner Vorstellung von der Genese von Dichtungen. Dichtung sieht er als Ausdruck von Tagtraumphantasien des Dichters, in denen sich Verdrängtes, meistens Erotisches, ausdrückt. Dabei konstatiert Freud einen ästhetischen Rest, der sich im sprachlich-formalen Bereich eines Kunstwerkes manifestiere und der die besondere Lust des Lesers erwecke.

Neben diesen Aufsätzen aus dem „Literaturband" der Werkausgabe finden sich in Bd. II, der „Traumdeutung", noch folgende Werkanalysen:

„Hamlet"-Interpretation:
Freud stellt die auch von anderen Interpreten des Dramas gestellte Frage, warum Hamlet mit seiner Rache am Onkel, der den Vater getötet und die Mutter geheiratet hat, so lange zaudert. Er kommt zu dem Ergebnis, daß der Mörder seines Vaters ihm die Realisierung seiner verdrängten Kindheitswünsche zeigt, daß also sein Schuldbewußtsein ihn vor der Tat zurückschrecken läßt. Kern des Persönlichkeitsbildes des Hamlet ist also sein Ödipus-Komplex.

„König Ödipus"-Interpretation:
In dem Drama des Sophokles sieht Freud eine literarische Verarbeitung des uralten Menschheitstraumas: Vatermord und Inzestwunsch. Nicht die Macht des Tragischen schlage den Zuschauer dieser Tragödie in ihren Bann, sondern daß wir in der Handlung die Erfüllung unserer unbewußten Kindheitswünsche erleben und gleichzeitig davor zurückschaudern.

In Bd. III der Werkausgabe findet sich noch ein Aufsatz, der eine Kurzinterpretation des „Sandmann" von E.T.A. Hoffmann enthält:

„Das Unbewußte" *(1915):*
Freud sieht in den Gestalten des Copelius, Coppola und des Sandmanns die Manifestationen ein und derselben Figur, die er als die brutale Variante des Vaterbildes interpretiert. Die Augensymbolik in der Erzählung deutet er als Hinweise auf die Kastrationsangst des Kindes.

Zwei Titel sind bemerkenswert, wenn es um die Einführung in die psychoanalytische Literaturinterpretation geht. In seiner Schrift *„Literaturwissenschaft und Psychoanalyse"* gibt der Schweizer Literaturwissenschaftler *Peter von Matt* eine Einführung in diese Interpretationsweise (Rombach Hochschul-Paperback, Freiburg 1972). Er referiert die wichtigsten Literaturinterpretationen Freuds, dessen Dichtertheorie und reichert die Darstellung durch eigene interpretatorische Ansätze an (so von Schriften seiner Schweizer Landsleute Dürrenmatt und Frisch). Als Einführung in die Materie der psychoanalytischen Literaturinterpretation ist dieses Buch unentbehrlich.

Die zweite Schrift, die hier empfohlen werden soll, ist ein Sammelband von Aufsätzen, die die konfliktreiche Wechselbeziehung zwischen traditioneller Literaturwissenschaft und Psychoanalyse dokumentieren. In dem von *Bernd Urban* herausgegebenen Band *„Psychoanalyse und Literaturwissenschaft"* (Tübingen 1973, Niemeyer Verlag) finden sich sowohl die bekanntesten Aufsätze der Freud-Schüler Jung, Rank, Stekel, Reik und Sachs, als auch die „Repliken" der traditionellen Germanisten Walter Muschg und Hermann Pongs. Für eine tiefergehende wissenschaftliche Auseinandersetzung mit der Kontroverse und für eine historische Übersicht ist dies ein nützlicher Reader.

Ebenfalls für eine speziellere Auseinandersetzung mit der Problematik geeignet ist der Sammelband *„Psychoanalytische Literaturinterpretation"* (dtv-Wissenschaft, Tübingen 1980, Hg.: *Jens Malte Fischer*). In ihm finden sich Beiträge, die in der von Freud und seinem engsten Mitarbeiterkreis ab 1912 herausgegebenen Zeitschrift „Imago" zwischen 1912 und 1937 erschienen sind. Diese Zeitschrift konstituierte sich mit dem ausdrücklichen Ziel, die Psychoanalyse auf die Geisteswissenschaften anzuwenden (s. Un-

tertitel der „Imago"). In diesem Band schreiben Sadger, Sachs, Rank, Reik u. a. und liefern teilweise sehr spezielle Analysen einzelner Werke und Dichter. Außerordentlich nützlich ist die ausführliche Bibliographie am Ende des Bandes, die nicht nur alle Aufsätze aus der „Imago" zur Literatur umfaßt, sondern auch alle anderen Veröffentlichungen der „Imago"-Autoren. Zum Schluß findet sich in der Bibliographie noch ein Überblick über Publikationen zum Verhältnis von Psychoanalyse und Kunst. Mit Hilfe dieser vorbildlichen Literaturliste läßt sich sehr schnell und präzise Material zu einzelnen Werken und Dichtern auffinden.

Im Fischer-Verlag (Taschenbuch 6362) erschien 1978 ein Band mit Aufsätzen des Außenseiters in der Psychoanalyse *Georg Groddeck: „Psychoanalytische Schriften zur Literatur und Kunst"*, Frankfurt/M. 1978. Groddeck, der als eigenwilliger Popularisator der Psychoanalyse hervortrat (er schrieb einen Roman mit dem Titel „Der Seelensucher"), versucht sich in diesem Band an so unterschiedlichen Sujets wie Mozarts „Don Juan", dem „Faust", dem „Ring des Nibelungen" und Dürers „Melencolia". Neben originellen Ansätzen streifen seine Analysen oft das Vulgärpsychoanalytische, so in dem Aufsatz „Der Symbolisierungszwang". Dieses Buch ist also mit einiger Vorsicht zu benutzen.

Auf einem besonderen Gebiet, das das Terrain der klassischen Psychoanalyse bereits verläßt, bewegt sich das Buch *„Literatur und Schizophrenie"* (dtv-Wissenschaftliche Reihe/Niemeyer Verlag Tübingen), das *W. Kudszus* 1977 herausgegeben hat. In ihm finden sich interessante theoretische Beiträge zur Schizophrenieforschung und Untersuchungen zu einzelnen Autoren wie Hofmannsthal, Benn und Heym. Ein ausführliches Literaturverzeichnis rundet den Band ab.

1981 erschien bei Ullstein (Frankfurt/Berlin) das Buch „Lektüre der Seele" von Michael Rutschky. Es hat den Untertitel: „Eine historische Studie über die Psychoanalyse der Literatur". Es referiert die wichtigsten Ansätze der Psychoanalyse auf dem Felde der Kunst und faßt die Kritik daran zusammen. Darüber hinaus versucht der Autor, eigenständige Ansätze zu einer Integration der Seelenkunde und der Ästhetik zu finden. Die drei Ebenen, die sich ständig vermischen, und der hohe Abstraktionsgrad der Darstellung machen das Buch unübersichtlich und seine Lektüre schwierig.

Wer sich über die Methodenkontroverse innerhalb der Literaturwissenschaft unter Einschluß der Psychoanalyse informieren will, kann zu zwei Büchern greifen.
Jost Hermands Buch „Synthetisches Interpretieren", Zur Methodik der Literaturwissenschaft, München 1968, Nymphenburger Verlagshandlung, ist ein Klassiker der Methodenlehre. In Teil I stellt der Autor die Geschichte des Methodenpluralismus seit 1900 dar, während er im zweiten Teil für eine Re-Integration aller bisher entwickelten Verfahrensweisen plädiert. Im ersten Teil ist eine kurze und prägnante Darstellung und kritische Würdigung des psychoanalytischen Ansatzes enthalten.

Für den Schulgebrauch verfaßt ist das Buch von Jürgen W. Goette, „Methoden der Literaturanalyse im 20. Jahrhundert" (Diesterweg, Frankfurt/M. 1973). Es stellt alle wichtigen Methoden der Literaturinterpretation theoretisch und anhand praktischer Beispiele dar. Im Psychoanalyse-Teil kann man die bekannten Literatur-Analysen von Freud lesen und dazu theoretische Grundlegungen zur Dichtertheorie von Freud, Jung und Rank. Insgesamt ein sehr anregendes und brauchbares Arbeitsbuch.

Die Hinweise auf *fachwissenschaftliche Werke* über die Psychoanalyse seien beschränkt auf wenige Titel:
Octave Mannoni, Freud, rororo-Bildmonographie Nr. 178, Reinbek bei Hamburg 1971
Standardbiographie über Freud, leicht greifbar, billig, mit hohem Informationswert. Gehört in den Handapparat des Kurses.

Marthe Robert, Die Revolution der Psychoanalyse, Leben und Werk von Sigmund Freud, Fischer Tb 840, Frankfurt/M. 1967
Versuch einer Integration von Lebensgeschichte Freuds und einer Einführung in sein wissenschaftliches Werk. Ausführliche Originalzitate bringen einen hohen Grad von Authentizität.

Charles Brenner, Grundzüge der Psychoanalyse, Fischer Tb 6309, Frankfurt/M. 1978
Ein Lehrbuch zur Einführung in das theoretische Gebäude der Psychoanalyse, das auch Anfängern, die die Mühe der Lektüre von Freudschen Originaltexten scheuen, einen guten Einblick verschaffen kann. Nützlich auch für Schüler.

Robert Waelder, Die Grundlagen der Psychoanalyse, Fischer Tb 1063, Frankfurt/M. 1969
Eine Art Lehrbuch ähnlich dem von Brenner, allerdings schwieriger zu lesen, da wissenschaftstheoretische Ansätze, eigene Gedanken zur Weiterentwicklung der Psychoanalyse sich mit der Darstellung von deren Grundlagen vermischen. Für den interessierten und fortgeschrittenen Leser sicher ein gewinnbringendes Buch.

Erich Fromm, Sigmund Freuds Psychoanalyse – Größe und Grenzen, dtv-Taschenbuch 1711, München 1981
Spannend zu lesende Kritik am Denkgebäude Freuds. Fromm warnt auf der einen Seite vor schematischen Anwendungen der Freudschen Begriffe, versucht andererseits

den Brückenschlag zu sozialen Phänomenen herzustellen. Seine Kritik gilt der orthodoxen Psychoanalyse als einer Theorie der Anpassung.

Hans-Martin Lohmann (Hg.), Das Unbehagen in der Psychoanalyse, Eine Streitschrift, Frankfurt/M. 1983
Anlaß für diese Streitschrift ist die von den Autoren mit Sorgen registrierte Wandlung im Selbstverständnis des Sigmund-Freud-Instituts in Frankfurt am Main, an dem Alexander Mitscherlich gearbeitet hat. Die Autoren kritisieren aus unterschiedlichem Blickwinkel heraus Entwicklungen in der etablierten Psychoanalyse, die wegführten von dem kritischen Impetus, den diese Theorie ursprünglich hatte. Sie beklagen die Verengung der Psychoanalyse auf den medizinisch-therapeutischen Aspekt, die die Psychoanalyse um die seit Freud in ihr angelegte kulturkritische Dimension verkürzte. Sie konstatieren, daß die Psychoanalyse heute genau die Tabus wieder errichte, die Freud mit seiner Lehre zum Wanken brachte (Sexualität/Todestrieb). Gemeinsamer Nenner aller Beiträge ist die Prognose, daß die etablierte Psychoanalyse nur dann ihre Verkrustung beseitigen könne, wenn sie ohne Denkverbote sich den zentralen Fragen unseres heutigen Daseins zuwende, nämlich dem individuellen und „kollektiven Trieb zur Selbstdestruktion" (so der Herausgeber). Auch wenn man die Abwertung des klinischen Bereichs der Psychoanalyse in dieser Schärfe nicht teilt, vermittelt das Buch einen guten Einblick in die gegenwärtige Debatte innerhalb der Psychoanalyse und liefert obendrein nebenbei interessante Forschungsergebnisse, wie zum Beispiel zur Gegenübertragung oder zum sozialpsychologischen Kulturwandel.

Sebastian Goeppert, Grundkurs Psychoanalyse, rororo Studium, Reinbek bei Hamburg 1976
Ein Lehrbuch für die psychoanalytische Ausbildung an den Hochschulen, das auf eine umfangreiche Darstellung des Freudschen Theoriegebäudes verzichtet. Es konzentriert sich auf die Darlegung der therapeutischen Situation und gibt darüber hinaus eine Übersicht über den Stand der Forschung und Lehre in der Psychoanalyse. Neben Literaturhinweisen zu jedem Kapitel findet sich zum Schluß noch ein erschöpfendes Titelverzeichnis. Das Buch ist nur für Fortgeschrittene geeignet, nützlich für Anfänger sind jedoch einzelne Teile (so die Übersicht über die Freudschen Triebstadien – siehe dazu der Hinweis in der 6. Stunde unseres Kurses) und das Begriffsglossar.

Wolfgang Schmidbauer, Jugendlexikon Psychologie, rororo – Tb 6198, Reinbek bei Hamburg 1981
Alphabetisch geordnetes Lexikon mit den wichtigsten Ausdrücken aus dem Bereich der Psychoanalyse und der modernen Psychologie. Mit einem kommentierenden Personenverzeichnis. Zum Nachschlagen für Lehrer und Schüler unentbehrlich (Handapparat!).

Auf die Erstellung eines Begriffglossars für den Kurs wird verzichtet, weil in den meisten der hier vorgestellten Werke die Fachbegriffe über Sachverzeichnisse schnell auffindbar sind und weil speziell zwei der Titel Glossare enthalten: das Buch von S. Goeppert, Grundkurs Psychoanalyse, ab S. 218, und das Jugendlexikon Psychologie.

Methodische Anmerkungen und Übersicht über die Unterrichtseinheit

Die Einheit „Psychoanalyse und Literatur" entspricht vom Umfang her einem Deutsch-Grundkurs. Bei Realisierung des Maximalprogramms, d. h. aller in Stundenbeschreibungen dargestellter Texte, umfaßt der Kurs 43 Stunden ohne die sich anschließende Lernkontrolle. Dies ist, wenn man die üblicherweise während eines Schulhalbjahres eintretenden Stundenausfälle in Rechnung stellt, ein kaum zu bewältigendes Programm. Außerdem entspricht die angegebene Stundenzahl pro Text jeweils dem idealtypischen Verlauf des Unterrichts, ohne die dem Deutschlehrer vertrauten Unwägbarkeiten zu berücksichtigen (Auftauchen nicht vorhergesehener Problemstellungen; Schülerwunsch nach längerem Verweilen bei der einen oder anderen spannenden Stelle des Unterrichts). Schon wegen dieser didaktisch erwünschten Streckungen ist eine Reduzierung auf das Grundprogramm des Kurses erstrebens- und empfehlenswert.

Der Kurs ist so angelegt, daß diese Reduktion ohne Einbuße an Wesentlichem geschehen kann, oder anders ausgedrückt: Das Grundprogramm bietet einen von den thematischen Problemstellungen und der Textauswahl her optimalen und umfassenden Einstieg in die Methode der psychoanalytischen Textanalyse. Die Texte, die als Minimalpensum vorgeschlagen werden, sind in den Stundenblättern methodisch aufbereitet. Hier kann sich der Lehrer also, wenn er Stundenbeschreibung und Stundenblatt gemeinsam zur Vorbereitung benutzt, bei seiner Unterrichtsplanung auf sicherem Terrain bewegen. Die Zusatztexte, die nicht durch Stundenblätter erfaßt sind, werden in den Beschreibungen im Textteil des Bandes hinsichtlich des denkbaren oder voraussichtlichen Stundenverlaufes analysiert. Wo Alternativen im Unterrichtsverlauf angegeben sind, möge sich der Lehrer den ihm und seiner Lerngruppe gemäßen Weg auswählen.

Ein besonderes Problem bei der Abfassung der Stundenverläufe stellte die Notwendigkeit dar, längere fachwissenschaftliche Analysen einzubeziehen bzw. voranzustellen. Dies liegt am Gegenstand dieses Buches selber. Fachwissenschaftlich sind die in diesem Buch vorgestellten Texte bis auf wenige Ausnahmen noch nicht mit unserer Methode, der Psychoanalyse, erschlossen. Wo sich andere Interpretationsmethoden auf eine Flut von Fachanalysen zu den Werken stützen können, betreten wir hier fast immer Neuland. Dies bedingt eine oft in den Stundenabrissen festzustellende Dominanz fachwissenschaftlicher Analysen. Wir haben versucht, diese Teile optisch vom Methodenteil abzuheben.

Bei der Anlage des Kurses wurde davon ausgegangen, daß der psychoanalytische Ansatz der Literaturinterpretation den Schülern völlig fremd sein dürfte, daß sogar Lehrer nur rudimentäres Wissen über die Psychoanalyse und dann nur über ihren allgemein-wissenschaftlichen Gehalt haben dürften. Der Kurs trägt dem dadurch Rechnung, daß er ab der 6. Stunde in einem quasi außerliterarischen Teil versucht, eine Grundlegung der Theorie der Psychoanalyse zu liefern. Dieser Teil ist für alle Schüler natürlich obligatorisch. Eine sorgfältige und fundierte Aneignung der Grundbegriffe erleichtert anschließend den Umgang mit der Literatur nach meiner Erfahrung erheblich. Über die Schwierigkeit des Unterfangens, in 6 Unterrichtsstunden in die Psychoanalyse als Wissenschaft einzuführen, bin ich mir völlig im klaren. Die Probleme dieses Versuches drücken sich naturgemäß auch im Methodischen des Unterrichts aus. Lehrerdominanz und graphische Darstellungsformen mit oft hohem Abstraktionsgrad überwiegen hier die eigentlich wünschenswerten Verfahrensweisen des Unterrichts. Die Schülerreferate und der den Schülern zur Lektüre des Freud-Textes an die Hand gegebene Fragenkatalog sollen dieses Manko auszugleichen versuchen.

Dem Theorieblock vorangestellt sind 3 (bzw. 5) Stunden, in denen mit Hilfe literarischer Texte an das psychoanalytische Verfahren herangeführt werden soll. Es sind Texte (Der Nachbar/Tobias Mindernickel), die zum Rätseln einladen, die Emotionen freisetzen und bei denen die Schüler ohne jede Lenkung beginnen zu „psychologisieren". Der Kontrast mit herkömmlichen Interpretationsansätzen (beim „Nachbar") soll den Blick schärfen für die spezifische Vorgehensweise der Psychoanalyse. Im Grunde sind beide Texte austauschbar. Der Methodenkontrast läßt sich am Thomas-Mann-Text genau so gut erklären. Wenn der Lehrer aus didaktischen Gründen auf die Beschäftigung mit massenpsychologischen Phänomenen Wert legt, sollte er den Text „Tobias Mindernickel" vorziehen. An ihm läßt sich der Typus der „autoritären Persönlichkeit" aufzeigen und seine Anfälligkeit für Intoleranz, Gewalt und Sadismus diskutieren.

Der ganze erste Komplex des „Anwendungsteils" (nach dem Freud-Grundkurs) beschäftigt sich mit der Vaterproblematik. Sie führt ins Zentrum der Freudschen Theorie, zum Ödipuskomplex. In einer relativ ausführlichen und detaillierten Analyse wird der Kafka-Text „Das Urteil" interpretiert. Durch Einbeziehung des biographischen Zugangs wird eine zentrale und zugleich umstrittene Vorgehensweise der Psychoanalyse demonstriert. Der sich anschließende Text „Die Verwandlung" bietet nichts grundsätzlich Neues. Er bringt, wenn sich der Lehrer dazu entschließen sollte, einen Schwerpunkt auf die Behandlung von Kafka-Texten zu legen, eine Vertiefung der Vaterproblematik. Vom Motivationswert her ist die Behandlung dieses Textes allemal zu empfehlen.

Der Text „Der Sandmann" bietet in Form eines reizvollen Verwirrspiels einer Dreifachidentität eine neue Variante des Vater-Themas. Die Problematik des Wahnsinns als Form der Realisierung von Leben macht die Beschäftigung mit diesem Text sehr lohnenswert.

Der Joyce-Text „Eveline" bietet eine etwas anders geartete Variante von Vateridentifikation, nämlich die eines Mädchens. Die Komplexität des Motivgeflechtes macht diese Geschichte reizvoll und zugleich schwierig. Sie ist als erster Prüfstein für das erreichte Analysevermögen der Schüler nützlich.

Mit dem Rilke-Gedicht „An die Mädchen II" beginnt der zweite thematische Komplex: „Versuche über Sexualität und Sinnlichkeit". Nach der bisher ausschließlich verwendeten Gattung, der Prosa, handelt es sich hier zum ersten Mal um ein Gedicht. Wie schon bei Kafka sollen auch hier facettenartig Dokumente zur Person des Dichters einbezogen werden. Methodisch liegt hierbei der Schwerpunkt auf arbeitsteiligem Arbeiten (Gruppenarbeit).

Die sich anschließenden beiden Stunden liefern reizvolle Gedichtinterpretationen, zum einen von einem der bekanntesten deutschen Gedichte („Frische Fahrt"), zum andern von einem Gedicht, das in seiner Hintergründigkeit und Verrätselung dem Dichter Ludwig Uhland, von dem nur seine Balladen „überlebt" haben, sehr zur Ehre gereicht. Beide Texte gehören nicht in das Fundamentum des Kurses. Wenn der Lehrer den Reiz dieser Gedichte an seine Schüler weitergeben will, möge er sie behandeln. Bei Eichendorff bietet sich gleichzeitig ein Blick auf das verblüffend moderne Denken und Fühlen eines Romantikers.

Mit Heine beginnt die letzte Sequenz: die über Melancholie und Todessehnsucht („Versuche über Trauer, Regression und Tod"). Die Interpretation der Heinegedichte gehört nicht zum Minimalprogramm. Der Lehrer möge selbst die Auswahl unter den angebotenen Gedichten treffen, da sie thematisch um das gleiche Thema kreisen. Vielleicht geben persönliche Vorlieben den Ausschlag. Der biographische Ansatz, den wir mit den Gedichtinterpretationen verbinden, ist bei Heine recht schwierig und weitet sich aus zu einer kulturhistorischen Schau der Zeitwende im frühen 19. Jahrhundert. Mit Benn schließt die Grundkurs-Einheit. Das Gedicht „Gesänge" bietet für die Schüler zum Abschluß noch einen schwierigen Prüfstein für interpretatorisches Können. Thematisch läßt sich an ihm unser modernes Zeitgefühl diskutieren. Es bildet insofern einen aktuell-zeitkritischen Schlußpunkt.

Die sich hieran anschließenden Tabellen geben dem Lehrer eine Übersicht über den Kursverlauf. Die Zuordnung der einzelnen Stunden zu den Texten und die Angabe der jeweiligen thematischen Hauptaspekte ermöglichen dem Lehrer eine vorausblickende präzise Planung und eine entsprechende Gewichtung der theoretischen Vorbereitung innerhalb des Freud-Kurses (Stunden 6–11).

Die in den beiden rechten Spalten enthaltenen Angaben ermöglichen eine frühzeitige Initiierung von Schüleraktivitäten. Lektüreaufgaben für alle Schüler und Texthinweise für referierende Schüler sind so rechtzeitig terminiert, daß Lücken und Pannen während des Kursverlaufes nicht vorkommen können.

Auch wenn der Lehrer dankbar nach Planungen und Unterrichtshilfen greift, sollte er sich der bloßen Hilfsfunktion der Planung für sein eigenes Tun bewußt sein. Auf jeden Fall sollte er die konkrete Unterrichtssituation und die Neugier der Schüler und auch seine Spontaneität als Unterrichtender nicht durch Planung verschütten. Deutschunterricht wäre steril, wenn nicht immer wieder die Vielschichtigkeit des Umgangs mit Literatur – mit guter zumal – den Gang des Lehrens und Lernens in eigene, oft nicht vorhersehbare Bahnen lenkte. Daß so Sternstunden des Literaturunterrichts entstehen können, wird kein Praktiker des Deutschunterrichts bezweifeln.

Übersicht über die Unterrichtseinheit

Annäherung an das psychoanalytische Verfahren der Literaturanalyse

Kafka, Der Nachbar

1. Stunde	Irreale Angst vor dem Nachbarn	Quelle:
2. Stunde	Vorführung unterschiedlicher Interpretationsansätze: Existentielles Ausgesetztsein oder kleinbürgerliche Existenzangst?	Kafka, Sämtliche Erzählungen, Fischer TB 1078, S. 300
		Ausgabe des Textes
		Freud, Abriß der Psychoanalyse, Fischer TB 6043
		mit Leitfragenkatalog
3. Stunde	Der psychoanalytische Ansatz: Analer Zwangscharakter / Verfolgungswahn / Angst	Bereitstellung des Handapparates mit Zusatzliteratur

Exkurs: Th. Mann, Tobias Mindernickel
(ohne Stundenblätter)

1. Stunde	Außenseiterschicksal / Minderwertigkeitsgefühl / Kompensation	Quelle: Th. Mann, Die Erzählungen, Bd. 1, Fischer TB 1591, S. 105
2. Stunde	Rigides Über-Ich/Kompensation durch Destruktion / „Autoritärer Charakter"	

Erarbeitung der psychoanalytischen Methode und des Begriffssystems

Freud, Abriß der Psychoanalyse

4. Stunde	Der psychische Apparat	Quelle:
5. Stunde	Trieblehre	Abriß der Psychoanalyse, Fischer TB
6. Stunde	Die Entwicklung der Sexualfunktion	6043 Zusatztext:
7. Stunde	Der Ödipuskomplex	Karl Landauer, Psychisches Erkranken
8. Stunde	Neurose, Psychose und Regression	als Regression (abgedruckt) Schülerreferat:
9. Stunde	Die Anwendung auf die Literatur	über den Text: Freud, Über Psychoanalyse, Fünf Vorlesungen (1909), in: Darstellungen der Psychoanalyse, Fischer TB 6016, S. 50 ff. Schülerreferate (9. Stunde): – Freud, Der Dichter und das Phantasieren – A. Bergmann, Schriftstellerische Arbeit und Therapie (abgedruckt)

Umgang mit der psychoanalytischen Methode / Exemplarische Analysen

Versuche über den Vater
Kafka, Das Urteil

10. Stunde	Die „Schuld" Georgs und unser „absurdes" Dasein / Vater-Sohn-Konflikt und ödipale Konfliktsituation	Quelle: Kafka, Sämtliche Erzählungen, Fischer TB 1078, S. 23 Zusatztext:
11. Stunde	Rivalität, Schuldgefühle, Unterwerfung / Reaktionen Georgs auf den dominanten Vater / Ambivalenz	Kafka, Brief an den Vater (Auszüge), Fischer TB 1629

| 12./13. Stunde | Psychoanalytisches Konfliktmodell / Der „Freund" als Über-Ich / Junggesellenideal und Sexualhemmung | |
| 14. Stunde | Kafkas „Brief an den Vater" / Das „Gefühl der Nichtigkeit" / Schuldgefühl und ödipale Strafphantasie | |

Exkurs: Kafka, Die Verwandlung
(ohne Stundenblätter)

1./2./3. Stunde	Ödipaler Vater-Sohn-Konflikt / Die „Verwandlung" des Vaters / Die Schwester als „Muse"	Quelle: Kafka, Sämtliche Erzählungen, Fischer TB 1078, S. 56
4. Stunde	Kastrationsangst / resignativer Rückzug aus der Vaterposition	
5. Stunde	Selbstbestrafung durch Regression / Der „Käfer" als Manifestation des Analen	

E.T.A. Hoffmann, Der Sandmann

15. Stunde	Konstellation und Charakteristik der Personen	Quelle: E.T.A. Hoffmann, Der Sandmann, Reclam UB 230
16. Stunde	Die Verdoppelung des Vaterbildes als Verdrängungsleistung des Sohnes / Die „negative" Figur im Märchen	Zusatztexte: M. Neumann-Schönwetter, Es war einmal ein Konflikt . . . (abgedruckt) B. Nitzschke, Gespaltenes Ich, gespaltene Experten (abgedruckt) L. Wawrzyn, Der Automatenmensch (abgedruckt)
17. Stunde	Die Reaktivierung der ödipalen Katastrationsangst / Sexualverbot und Schuldgefühle	
18. Stunde	Realitätsverlust und Wahnsinn / Rettung der Subjektivität im Wahn	
19. Stunde	Wahnsinn: Infantile Regression oder subversive Potenz?	

Joyce, Eveline

20. Stunde	Ausbruchsversuch eines Mädchens / Sehnsucht nach „Leben, Liebe, Glück"	**Quelle:** Joyce, Eveline, in „Dublin", Fischer TB 414, S. 32
21. Stunde	Bindung an den Vater und Angst vor dem Neuen	
22. Stunde	Traumatische Vateridentifikation / Opfersinn / Angsthysterie	

Versuche über Sexualität und Sinnlichkeit

Rilke, Von den Mädchen II

23. Stunde	„Laßt ihn einsam sein" – Das Bild des egozentrisch-narzißtischen Dichters	**Quelle:** Rilke, Werke in drei Bänden, Bd. 1, Frankfurt/M. 1966, S. 131 (abgedruckt)
24. Stunde	Idealisiertes Frauenbild und Angst vor dem Eros / Sublimierung oder Triebabwehr (Rationalisierung)? / Die Unfähigkeit zu lieben	**Zusatztexte:** Rilke, Wendung Aus Briefen an Lou Andreas – Salomé Tagebuchnotiz der Fürstin von Thurn und Taxis
25. Stunde	Autobiographischer Ansatz: Rilkes Liebesbeziehungen / Zwischen Hingabe und Abwehr / Der „Schauende" ohne Liebe	Ewald Tragy (Schluß) Auszug aus: Malte Laurids Brigge Achte Duineser Elegie (Ausschnitt) „Ach wehe, meine Mutter reißt mich ein"
26. Stunde	Autobiographischer Ansatz: Fixation an das Mutterbild? / Mystik des Schoßes und Angst vor der Mutter-Allmacht	H. Th. Lehmann, Das Schwimmgedicht W. Muschg, Psychoanalyse und Literaturwissenschaft (alle Zusatztexte abgedruckt)
27. Stunde	Kritik am autobiographischen Ansatz	

Exkurse (ohne Stundenblätter):

Eichendorff, Frische Fahrt

1. Stunde	Das Lebensprogramm der Sinnlichkeit und Spontaneität	**Quelle:** Sämtliche Gedichte, dtv-Bibliothek, München 1975, S. 9 (abgedruckt)
2. Stunde	Entsublimierung / Freisetzung der menschlichen Triebnatur	

Uhland, Fräuleins Wache

3. Stunde	*Rationalisierung und List /* „Das Recht auf den eigenen Körper"	Quelle: Gedichte, Reclam UBB 3021, Stuttgart 1974 (abgedruckt)

Versuche über Trauer, Regression und Tod

Exkurse (ohne Stundenblätter):

Heine-Gedichte

1. Stunde	Heine: Ich hab im Traum geweinet „Ich weiß nicht, was soll es bedeuten, daß ich so traurig bin" / Melancholie und Weltschmerz / Die Paradoxie in Heines Lyrik	Quelle: Ich hab im Traum geweinet . . . Buch der Lieder, dtv-Bibliothek, München 1975, S. 98, 87, 108 (abgedruckt) Schülerreferat: Heines Leben und Persönlichkeit (Literaturangabe s. Stundenbeschreibung 4. Stunde)
2. Stunde	Heine: Die Welt ist so schön . . . Gefühl des Ausgeschlossenseins / Todeswunsch	
3. Stunde	Heine: Mein Herz, mein Herz ist traurig Gefühlvolles Herz – gefühllose Welt / Todestrieb	
4. Stunde	Biographischer Erklärungsversuch: Mißlungene Identifikation	

Benn, Gesänge

28. Stunde	„Das Gehirn ist ein Irrweg" / Sehnsucht nach Umkehrung der Evolution	Quelle: Gedichte, Fischer TB 5231, S. 47 (abgedruckt)
29. Stunde	Zurücknahme des Ichs ins Es / Phylogenetische und ontogenetische Form der Regression	

Annäherung an das psychoanalytische Verfahren der Literaturanalyse

Kafka, Der Nachbar

Didaktische Vorbemerkung

Mit diesem Text wurde ein literarisches Werk ausgesucht, das einerseits leicht verständlich ist, andererseits jedoch verschlüsselt genug, um mehrere „Zugänge" zu ermöglichen oder sogar herauszufordern. Da die psychoanalytische Interpretationsmethode an unseren Schulen allenfalls peripher praktiziert wird, muß man davon ausgehen, daß die Schüler vor der Wahl dieses Kurses in erster Linie mit den gängigen interpretatorischen Verfahren vertraut gemacht wurden: Ende der 60er, Anfang der 70er Jahre eher mit der soziologischen, seit 1975 wohl wieder mehr mit der immanent-existentiellen Methode; die meisten Lehrer praktizieren wohl heute eine Mischung aus beiden, wobei sich das konkrete Mischungsverhältnis aus dem Gegenstand der Analyse ergibt. Eine sinnvolle Methode des Vertrautmachens mit den Eigenarten der psychoanalytischen Methode ist sicherlich der Kontrast mit schon geläufigen Verfahrensweisen. Deshalb sollte der Lehrer die Möglichkeiten, die die Erzählung „Der Nachbar" für die Entfaltung unterschiedlicher Interpretationsmethoden – eben auch der psychoanalytischen – bietet, nutzen, bei den Schülern die Neugier und das Interesse an der „neuen" Methode intensiv zu wecken.

1. Stunde:
Irreale Angst vor dem Nachbarn

Der *Inhalt der Erzählung* bietet dem Schüler keine Schwierigkeiten. Die Geschichte gibt zuerst Einblick in die Geschäftswelt des Ich-Erzählers. In diese für sicher gehaltene Welt bricht ein unbekannter Konkurrent ein, der die Nebenwohnung als Büro gemietet hat. Nur eine dünne Zimmerwand trennt den Erzähler von dem Unbekannten, von dem er sich bedroht und in seinen geschäftlichen Tätigkeiten belauscht und behindert fühlt. Das Gefühl der Bedrohung steigert sich immer mehr, bis sich der Erzähler als schutzlos Preisgegebener und dem Fremdling völlig Ausgelieferter vorkommt. Der Schluß der Erzählung ist völlig offen. Die Zukunft des Erzählers bleibt ungewiß.

Die entscheidende *Frage*, die die Schüler beschäftigen wird, ist die nach der Ursache dieser absonderlichen Angst. Ist sie real begründet? Weiß der Erzähler mehr über den unheimlichen Nachbarn, als er uns mitteilt? Steht der Nachbar vielleicht für etwas, was wir noch nicht wissen, sondern erst entschlüsseln müssen? Die Schüler werden natürlich ihre ersten Vermutungen über die Hauptfigur in einer ersten Diskussion äußern wollen. Dagegen ist methodisch nichts einzuwenden, wir müssen nur nach einer gewissen Zeit darauf insistieren, uns der genauen Textarbeit zuzuwenden. Es gilt, im *gelenkten Unterrichtsgespräch* den Umschlagspunkt zwischen realem und irrealem Geschehen herauszuarbeiten, der für die spätere Deutung wesentlich ist. Dazu bietet sich die Gliederung in Sinnabschnitte an, für die jeweils eine treffende Überschrift gefunden werden soll. Auf die Frage nach dem Realitätsgehalt der Erzählung hin erkennen die Schüler den Wechsel von Wirklichkeit zu Mutmaßung und Einbildung. Die scheinbare Geringfügigkeit des Anlasses (Einzug eines Nachbarn) steht in seltsamem Widerspruch zur Betroffenheit des Erzählers und zum Ausmaß seiner Angst. Diese Diskrepanz soll in der 3. Phase der Stunde durch *Textarbeit* untermauert werden. Die nach einer kurzen Phase der Stillarbeit (einzeln oder in Partnerarbeit) an der Tafel angelegte Tabelle zeigt den Schülern, daß die Angst des Erzählers von den Fakten her offensichtlich unbegründet ist.

Eine *methodische Variante* zu dem oben skizzierten Vorgehen sei hier noch erwähnt. Für in der Textarbeit erfahrene Lerngruppen ist das oben dargestellte Vorgehen eventuell etwas unterfordernd. Deshalb mag der Lehrer, der das Leistungsvermögen seiner Gruppe einzuschätzen vermag, ersatzweise die *Methode des Erlesens* des Textes anwenden. Nach einem guten Vortrag, der die zunehmende Angst des Erzählers auch im sprachlichen Material (zunehmende Länge und Kompliziertheit der Satzperioden, Häufung von Schalt- und Fragesätzen) aufzufinden und zu verdeutlichen vermag, werden die Schüler das Hereinbrechen des Irrealen in einen realistischen Geschehensablauf als wesentliches Merkmal der Erzählung erkennen.

2. Stunde:
Vorführung unterschiedlicher Interpretationsansätze: Existentielles Ausgesetztsein oder kleinbürgerliche Existenzangst?

Wir beginnen jetzt mit dem ersten Deutungsschritt, mit der Frage nach den Ursachen dieser mysteriösen Angst. Hier sind die genauen Ergebnisse des Unterrichtsgespräches nicht vorherzusehen. Die Schülerantworten werden sich nach meiner Erfahrung in etwa in folgendem Rahmen bewegen:
– Die Erzählung gibt eine wenn auch übertriebene Schilderung tatsächlicher Bedrohung eines kleinen Selbständigen wieder. Möglich sind Hinweise auf die nüchterne Darstellung der Arbeitssphäre im Text und auf die zunehmende Konkurrenz in Krisenzeiten.
– Die Erzählung will anhand eines relativ beliebigen Beispiels die allgemeine Unsicherheit des Menschen darstellen, seine völlige Einsamkeit, die Kälte der zwischenmenschlichen Beziehungen in unserer modernen Welt.

Wenn die Mutmaßungen der Schüler in etwa so beschaffen sind, hätte man auf induktive Weise – was immer ein eingängigeres Verfahren als das deduktive ist – die beiden zentralen Interpretationsverfahren, die soziologische und die existentielle Methode, angewandt. Jetzt sollte der Lehrer anhand der beiden Zitate die beiden Interpretationsmethoden nochmals erläutern, um hierdurch diese wichtige Vorarbeit für die dann folgende psychoanalytische Methode abzurunden.

Die soziologische Methode:
„Kafka zeigt die Entmenschlichung des Menschen in der modernen Welt. In dem ... Text „Der Nachbar" wird die Erschütterung der menschlichen Existenz in der Wirtschaftswelt dargestellt; jeder ist für sich allein und der Feind des anderen."[1]
Dieses Zitat veranschaulicht die soziologische Sichtweise des Interpreten. Er geht von der Tatsache aus, daß die Erzählung in der Geschäftswelt spielt, daß wirtschaftliche oder berufliche Vorgänge geschildert wer-

---

1 R. Geißler; Franz Kafka, Der Nachbar; in: Modelle, Interpretationshilfen, München 1968, S. 106.

den. Der Nachbar ist der wirtschaftliche Konkurrent, der die Mechanismen der wirtschaftlich orientierten Welt benutzt (Egoismus, Konkurrenz, Übervorteilen, Raffinesse etc.), dem geschäftlichen Gegner „entgegenzuarbeiten". Die Gesetze der Nachbarschaftlichkeit, des friedlichen Miteinander und der Hilfe werden infolge des wirtschaftlichen Zwanges, dem die Menschen unterliegen, in ihr Gegenteil verkehrt. Die soziologische Methode kann bei ihrer Argumentation auf historische Prozesse verweisen, die bestätigen, daß die existentielle Bedrohung vor allem der Kleinunternehmer, der Händler und Handwerker (der Erzähler gehört wohl einer dieser Kategorien an) durch wirtschaftliche Konzentration enorm war. Für den soziologischen Interpreten wäre die Erzählung Kafkas eine subjektiv gebrochene Widerspiegelung dieses objektiven ökonomischen Vorganges.

Die existentielle Methode:

„Alle Kurzgeschichten Franz Kafkas sind Parabeln, die in verschlüsselter, chiffrierter Weise die Bedrohung des menschlichen Daseins durch unheimliche anonyme Mächte und die Ausweglosigkeit aus einer von allen Seiten umstellten, bedrückenden Situation einer hoffnungslosen menschlichen Existenz darstellen."[2]
Diese Methode nimmt den Text nicht wörtlich, sondern als Metapher für etwas Gemeintes, für etwas hinter der Sprache Stehendes. Der Text soll interpretiert werden als Sichtbarmachung der Grundfragen der Existenz: hier der Bedrohung des Menschen durch eine fremde, antihumane Gewalt. Fazit: Die Welt ist absurd!
Ausgangspunkt bei der Analyse der Erzählung ist für die Vertreter der existentiellen Methode in erster Linie die eigentümliche Erzählform Kafkas. In ein reales, alltägliches Geschehen (wir treffen Zeichen der realen Arbeitswelt) bricht etwas Fremdes, Irreales ein, das zu der Frage verleitet: ist alles real

oder irreal? Das irreal anmutende Verhalten des Erzählers, der von Angst gepeinigt ist, weil ein vermeintlicher Konkurrent auf den Plan getreten ist, wird zum Gleichnis für unsere Lebensangst schlechthin. Im Verhalten des Erzählers erkennen wir die grundsätzliche Lebensangst des Menschen, der seine Unfreiheit, sein Ausgeliefertsein spürt und als ausweglos empfindet. Der offene, Trostlosigkeit suggerierende Schluß der Erzählung wird zum Symbol für die Unauflösbarkeit der bedrohlichen Situation des Menschen im modernen Zeitalter.
In einem dreigliederigen *Tafelbild*, bei dem Platz gelassen wird für die psychoanalytische Methode, wird die Vorgehensweise der beiden vorgestellten Methoden stichwortartig festgehalten.

3. Stunde:
Der psychoanalytische Ansatz: Analer Zwangscharakter / Verfolgungswahn / Angst

In dieser Stunde wenden wir uns der psychoanalytischen Methode zu. Auch hier setzen wir an der Frage an: warum hat der Erzähler diese furchtbare Angst? An direkten Ursachen werden wir auf den ersten Blick nicht mehr finden, als die oben aufgeführten Deutungsversuche benannten. Wir müssen also versuchen, indirekt aus dem Geschilderten Anhaltspunkte für eine „psychoanalytische Ursachenforschung" zu erschließen. Nach den beiden ersten Interpretationsmethoden, die die Gründe für die Angst des Ich-Erzählers im Gesellschaftlichen oder in den Widersprüchen des Lebens überhaupt suchen, liegt es nahe, die Ursachen in der Struktur der Hauptperson selber zu suchen.

---

2 Edgar Neis, Wie interpretiere ich Gedichte u. Kurzgeschichten, Methoden u. Beispiele, Hollfeld/Ofr., 1977, S. 139.

Im *gelenkten Unterrichtsgespräch* soll anhand der Informationen, die der Text liefert, ein Persönlichkeitsbild des Erzählers entworfen werden. Dazu werden Anhaltspunkte, die der Text liefert, entweder an der Tafel aufgelistet oder/und in einen vorbereiteten Arbeitsbogen von jedem Schüler übertragen. Da es den Schülern hier noch nicht möglich ist, z. B. Äußerung der Hauptperson direkt in psychologische Merkmale zu „übersetzen", genügt es für eine spätere gemeinsame Interpretation, wenn die betreffenden Textstellen wörtlich aufgeschrieben werden (siehe dazu die Liste der Textstellen auf dem Stundenblatt).

Nach der Zusammenstellung des „Rohmaterials" über die Hauptperson schreiten wir zur Interpretation: Der Ich-Erzähler macht den Eindruck eines ängstlichen, wehleidigen und übervorsichtigen Mannes. Er hat ein dingliches Verhältnis zu seinen Mitmenschen: Er betrachtet seine engsten Mitarbeiter als stummes Inventar. Er urteilt sehr stark in Schwarz-Weiß-Bildern, wobei er sich zu den Guten (= „Ehrlichen") zählt, den unbekannten Nachbarn jedoch in schlimmster Weise („Ratte") diffamiert. Von hier aus wird es den Schülern nicht schwer fallen, bei diesem kommunikationsgestörten Menschen einen manifesten Verfolgungswahn oder überstarke Angstzustände zu diagnostizieren.

An dieser Stelle – im zweiten Teil der Stunde – sollte der Lehrer die psychoanalytischen Zusammenhänge erläutern, die für die Entstehung einer solchen „Krankheit" von der orthodoxen Psychoanalyse angegeben werden. Freud hat festgestellt, daß Menschen, die vor Schmutz und Kot eine übergroße Angst bzw. einen großen Ekel haben, in ihrer frühesten Kindheit eine sehr strenge Reinlichkeitserziehung über sich haben ergehen lassen müssen. Solche Menschen neigen später zu überharten Urteilen in bezug auf „rein" und „unrein". Menschen mit einer solchen „analen Fixierung", wie Freud sagt, neigen zu übertriebener Ordnungsliebe, Pedanterie und immergleichem Ablauf ihres Lebens. Störungen dieser Ordnungen empfinden sie als psychisches und körperliches Unwohlsein. Aus dem Entstehungsmodus der Störung (Abscheu vor Schmutz und dem eigenen Kot) und den charakterlichen Eigenarten des solcherart „Gestörten" hat Freud den Begriff des „analen Zwangscharakters" geprägt. Bei solchen Menschen reicht in der Regel ein System von starren Lebensabläufen aus, um den Menschen im Gleichgewicht zu halten. Wenn etwas völlig Unvorhergesehenes geschieht, kann es u. U. zu einem psychischen Zusammenbruch, zu starken Angstzuständen kommen.

Es liegt in der Natur der Sache, daß die Schüleraktivitäten während dieser Unterrichtsphase nicht allzu rege sein können. Sie verfügen – bis vielleicht auf einzelne Schüler, die Freud privat schon gelesen haben – nicht über das nötige Wissen und die Terminologie der Psychoanalyse, um eigenständige Interpretationsarbeit leisten zu können. Dieses Manko muß m. E. hier in Kauf genommen werden, zumal es bei diesem Text in erster Linie um Gegenüberstellung und Abgrenzung dreier Methoden der Literaturanalyse geht. Außerdem erhalten diejenigen Schüler, die die Erläuterung der Persönlichkeitsstruktur des Erzählers noch nicht voll nachvollziehen konnten, bei den weiteren Kafka-Texten die Gelegenheit geboten, ähnliche „Krankheits"syndrome kennenzulernen.

Den Abschluß der dritten Stunde bildet die Vervollständigung des Tafelbildes über die drei Methoden. Wir halten fest, daß die psychoanalytische Methode der Literaturbetrachtung die Ursachen für Konflikte stets in den Personen selbst und/oder in den Personenkonstellationen sucht.

Exkurs: Thomas Mann, Tobias Mindernickel (ohne Stundenblätter)

Didaktische Vorbemerkung

Anhand des Textes „Der Nachbar" wurden die Schüler in die psychoanalytische Methode der Literaturbetrachtung eingeführt. Im Vergleich mit den gängigen Interpretationsmethoden haben sie die Vorgehensweise und die Ansatzpunkte dieser neuen Methode kennengelernt, ohne bereits über fundierte Kenntnisse der Psychoanalyse zu verfügen. Mit dem zweiten Text, der hier als Exkurs angeboten wird, lernen die Schüler eine Erzählung kennen, bei der sie Gelerntes leicht anwenden können und die ersten Gehversuche auf dem Felde der psychoanalytischen Literaturinterpretation machen sollen. Auch hier werden von den Schülern noch keine psychoanalytischen Grundkenntnisse und Ableitungen verlangt. Genaue Beobachtung des Geschilderten und etwas Kombinationsgabe reichen aus, um den Gehalt der Erzählung zu erschließen.

1. Stunde: Außenseiterschicksal / Minderwertigkeitsgefühl / Kompensation

Die (möglichst laute) Lektüre dieser Geschichte löst nach meinen Erfahrungen bei den Schülern aller Altersstufen große Betroffenheit aus. Zu ungeheuerlich erscheint ihnen das Geschehen, vor allem die Tat und das Verhalten der Hauptperson. Diese wie auch immer gearteten Affekte der Schüler sollte sich der Lehrer bei der Besprechung unbedingt zunutze machen. Schroffe Ablehnung („Der ist ja total verrückt") bei einigen und aufkeimendes Verständnis für die Tat oder zumindest das Bedürfnis, die Motive genauer zu untersuchen, werden die ungefähren Reaktionen der Schüler sein.

Methodisch sollte der Lehrer bei der Besprechung dieser Erzählung etwas variabler sein als beim „Nachbarn". Erfahrungsgemäß erwacht bei den Schülern nach dem Kennenlernen eines neuen Zugangs, einer bisher unbekannten Methode, das Bedürfnis, eigenständig und ohne zu viel Lenkung damit umgehen zu dürfen. Dieses Bedürfnis ist bei der psychoanalytischen Methode sicher noch stärker ausgeprägt als bei den anderen Betrachtungsweisen, steht doch hier im Mittelpunkt das ganz Persönliche, das Inwendig-Private, dem die Schüler bei ihrer bisherigen Literaturinterpretation so noch nicht begegnet sind. Diesem Bedürfnis sollte der Lehrer unbedingt nachgeben, um nicht von vornherein den Zugang zu dieser Methode zu blockieren. Der Lehrer sollte im freien Unterrichtsgespräch die Schüler die für den Text relevanten Fragestellungen selbst entwickeln lassen und diese dann, als Arbeitsaufträge formuliert, zur Grundlage der Textarbeit machen. Die Fragen können wahlweise im Unterrichtsgespräch beantwortet werden oder – wenn der Lehrer sich nicht allzu lang mit der textlichen Arbeit aufhalten will – zur schriftlichen Erledigung bis zur nächsten Stunde (Hausarbeit) gestellt werden. Auch Arbeitsgruppenarbeit wäre denkbar. Die Methodenwahl sollte hier weitgehend die Bedürfnisse der Schüler berücksichtigen. Die aufzuwendende Zeit ist allerdings von der eingeschlagenen Methode abhängig. Bei Arbeitsgruppenarbeit muß mit einer Verlängerung um eine Stunde gerechnet werden.

Hier eine Zusammenstellung möglicher *Leitfragen*, die uns ein *Persönlichkeitsbild* des Tobias Mindernickel ermöglichen.

1. *Wie wird Mindernickel in seinem Äußeren beschrieben?*
   „hagerer Hals"/„entzündete Augen"/„äußerst reinliche Kleidung"/„gewaltsam bürgerliche Kleidung"/„mager"/„auf einen Stock gestützt"/„schwarz gekleidet"/„lächerlich"
2. *Wie bewegt sich Mindernickel in der Öffentlichkeit?*
   blickt ängstlich um sich/„unschlüssig"/„scheu"/ist „nicht imstande, nur ein Ding mit Festigkeit und Ruhe ins Auge zu fassen"/fühlt sich unterlegen/„leidende Unterlegenheit"/„stets allein"/„unglücklich"/„demütige Höflichkeit"
3. *Wie reagiert die Umwelt auf Mindernickel?*
   Kinder: Mit Spottrufen, Gelächter, Hohn und Spott
   Erwachsene: Mit Lachen, mit „Spottlust . . . aus wohlgemuten und grausamen Kehlen"
4. *Gibt es Situationen, in denen sich Mindernickels Wesen ändert?*
   – Als er dem verletzten Kind auf die Beine helfen kann, gewinnt er Sicherheit und Festigkeit, er verspürt ein „schmerzliches Glück"
   – Bei der Pflege des verletzten Hundes zeigt er „Erleichterung" und „Glück"; „Sein Gesicht war ruhig, wehmütig und glücklich . . ."
5. *Welche Verhaltensweise des Hundes liebt Mindernickel, welche verursachen ihm Unbehagen?*
   Er liebt:
   Unterordnung, Gehorsam, ruhiges Daliegen, wenn er sich anschmeichelt.
   Unbehagen bereitet ihm:
   Herumjagen, ausgelassenes Spiel, lustvolles Herumtollen, Ungehorsam

Im Unterrichtsgespräch werden die Ergebnisse zusammengetragen und gedeutet. Da die Auflistung aller Resultate wegen der Fülle der Informationen an der Tafel nicht möglich ist, sind die Schüler gezwungen, jeweils erste Verallgemeinerungen zu treffen und diese stichpunkthaft festzuhalten. Daraus könnte folgendes *Tafelbild* entstehen:

Frage 1: Äußeres:	unvorteilhaft, abstoßend, lächerlich
Frage 2: Verhalten:	ängstlich, scheu, ohne Selbstbewußtsein
Frage 3: Reaktion der Umwelt:	Hohn und Spott
Frage 4: Änderungen:	Bei Hilfe für andere und der Pflege des Hundes
Frage 5: Vorliebe für:	Unterordnung, Gehorsam
Unbehagen bei:	Spiel, Lebensfreude

Die Frage nach den Gründen für die widersprüchliche Reaktion Mindernickels auf das Verhalten des Hundes bietet uns einen guten Zugang zum Charakter der Hauptperson.

Ein tief sitzendes *Gefühl der Minderwertigkeit* ist die Ursache dafür, daß Mindernickel die kraftvollen, lebendigen und lustvollen Lebensäußerungen des Hundes – wie der Erzähler sagt – „mit schelem, verlegenem, neidischem Blick" verfolgt. Die verminderte Selbstachtung – über deren Ursache im Text direkt nichts ausgesagt ist – begründet sowohl das Mißtrauen gegenüber der kreatürlichen Freude des Hundes als auch zwei andere Verhaltensweisen: die „unermüdliche Freude am Befehl", d. h. das maßlose Verlangen nach absoluter Unterordnung, und die Sucht nach caritativer Pflege sowohl des kleinen Kindes als auch des verletzten Hundes. Er liebt das Schwächere, dem er sich als Stärkerer beweisen kann, im Befehlen und im Pflegen und Helfen. Spätestens hier sollte der Lehrer den Begriff der *Kompensation* einführen und anhand des Geschehens in der Erzählung erläutern.

2. Stunde:
Rigides Über-Ich / Kompensation durch Destruktion / „Autoritärer Charakter"

Die Schüler werden natürlich fragen, wie solche Minderwertigkeitsgefühle entstehen können. Wir werden diese Frage anhand der Erzählung zu beantworten suchen. Thomas Mann führt selbst zwei mögliche Gründe an:

„schwere Schicksalsschläge" oder daß er „dem Dasein selbst nicht gewachsen ist" ... „weil ihm die Natur das Maß von Gleichgewicht, Kraft und Rückgrat versagt", das zur Lebensbewältigung nötig ist. Die Psychoanalyse macht mehrere Ursachen für Minderwertigkeitsgefühle verantwortlich: tatsächliche oder eingebildete körperliche Gebrechen (z. B. Abweichen vom jeweiligen Schönheitsideal); Versagen in der Lebensbewältigung (Beruf, Liebe) oder Verlust von geliebten Menschen (Partner/Freund/Kind). Das Diktat der Minderwertigkeit kommt nach Freud immer vom Über-Ich, also von den verinnerlichten Sollensanforderungen der Erziehungsinstanzen (Eltern/Gesellschaft). Minderwertigkeitsgefühle wären also auch bei tatsächlichen äußeren Anlässen nicht möglich ohne ein relativ rigides Über-Ich. Bei Mindernickel lassen sich außer den vom Erzähler vermuteten Ursachen noch weitere erschließen: sein unvorteilhaftes Äußeres, seine ärmliche Wohnung, seine armselige

Tafelbild:

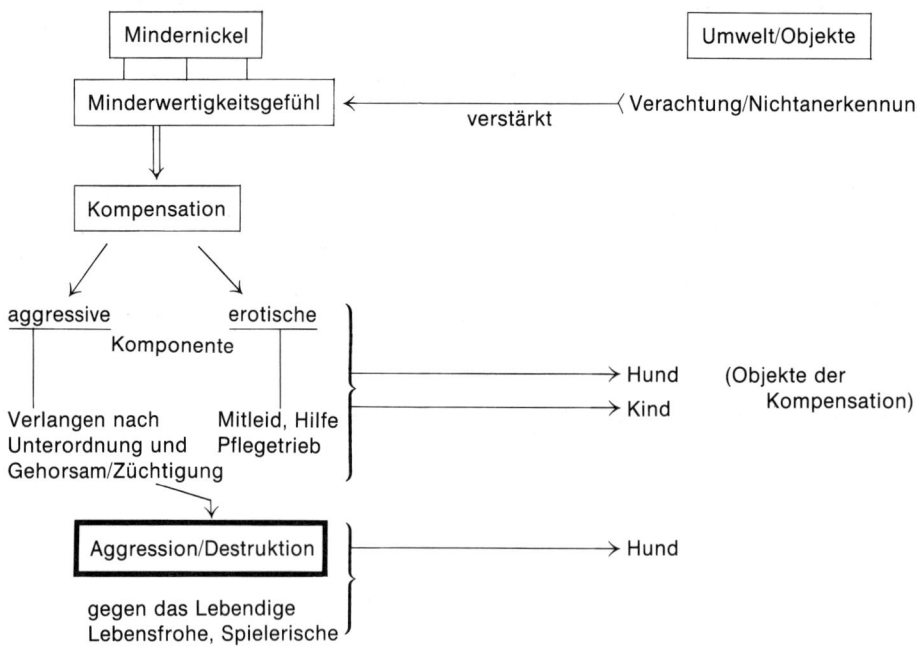

28

Kleidung, die er „gewaltsam" an ein höheres Niveau anzupassen versucht (Über-Ich). Ohne zwanghafte Festlegungen zu treffen, sollte der Lehrer hier den Schülern die Vielfalt der möglichen Erklärungen vor Augen führen, die sich aus dem Text erschließen lassen. Die psychoanalytischen Zusammenhänge sollten vom Lehrer so weit wie nötig in verständlicher Weise eingebracht werden.

Die fragend-entwickelnde Methode und der Lehrervortrag werden die adäquaten Sozialformen dieser Unterrichtsphase sein. Zum Abschluß der Besprechung dieser Erzählung sollte an der Tafel eine psychische Reaktionskette des Verhaltens von Tobias Mindernickel entwickelt werden. Ein solches Verfahren – vor allem nach geleisteter Interpretation – ist nützlich, weil es bei den Schülern die Fähigkeit zu strukturieren und zu abstrahieren entwickeln hilft.

In Tobias Mindernickel zeigt sich nahezu idealtypisch der „autoritäre Charakter", der das Gefühl eigener Minderwertigkeit durch Gewalt gegen noch schwächere Geschöpfe kompensiert. Hier sind kurze Erläuterungen der Untersuchungen von Adorno/Horkheimer angebracht.

Merkmale des „autoritären Charakters" nach Adorno u. a.:

- Blinder Glaube an Autoritäten, Aggressionen gegen vermeintlich Schwache, Minderheiten und Außenseiter (rassische Vorurteile)
- Vergnügen, anderen zu befehlen und den Chef zu verkörpern: Identifikation mit denen, die ihm an Autorität und Rang überlegen sind.
- Verneinung materieller Befriedigung als Zeichen eines restriktiven Über-Ichs

Die erziehungsbedingten Voraussetzungen dieser Persönlichkeitsentwicklung sind vor allem in einem „Brechen des Willens" beim Kind zu sehen, das in einer Situation, in der die Macht der Eltern übermächtig erscheint, sich mit dem Angreifer identifiziert. Die späteren Aggressionen gegen Andersdenkende, Nonkonformisten und Minderheiten sind im Grunde abgelenkte Aggressionen gegen den eigenen, ehemals überhart strafenden Vater.

Quelle: Theodor W. Adorno, Studien zum autoritären Charakter, Frankfurt/M. 1973, S. 322 ff.

Die Diskussion der Frage, warum Mindernickel nach der Tat weint, soll die Besprechung abschließen. Die von den Schülern meistens gebrachte Erklärung, es seien Tränen der Reue, greift zu kurz.

Der Hinweis auf die ambivalente Form der Kompensation, zu der Mindernickel Zuflucht nehmen muß, führt uns zu der Erklärung, daß sich das Gefühl der Reue hier mischt mit dem Schmerz über den Verlust des Objektes, dem der Bemuterungs- und Pflegetrieb gegolten hat. Es ist also der Schmerz um den Verlust des Liebesobjektes, allerdings in einer abartigen Form.

Die sachliche Klärung des Symbolgehaltes des Namens Tobias Mindernickel sollte der Lehrer den Schülern nicht schuldig bleiben. „Nickel" deutet auf etwas Wertloses, wenig Kostbares hin. Im „Minder-" ist das die Person bestimmende Gefühl direkt angesprochen. Tobias heißt in der ursprünglichen hebräischen Bedeutung „Güte Jahwes". Hiermit ist der altruistische Zug im Charakter der Hauptperson angedeutet.

Erarbeitung der psychoanalytischen Methode und des Begriffssystems

Freud, Abriß der Psychoanalyse
(Fischer-Taschenbuch 6043)

Wegen der gedrängten Fülle des zu bewältigenden Stoffes insgesamt und weil wir aus verständlichen Gründen unseren Schwerpunkt auf die Analyse literarischer Texte legen wollen, verbietet sich eine umfangreiche Einarbeitung und Auseinandersetzung mit der Theorie der Psychoanalyse. In sechs Stunden sollen die Schüler mit dem nötigen theoretischen Rüstzeug versehen werden, um die späteren Textinterpretationen leisten zu können. Diese doch recht beträchtliche Komprimierung des ohnehin schon schwierigen Stoffes erfordert von Lehrer und Schülern ein hohes Maß an Konzentration im unterrichtlichen Vermitteln und Lernen.

Die Abfolge innerhalb des Kurzlehrgangs orientiert sich weitgehend an der für didaktische Zwecke verfaßten *Abhandlung Freuds „Abriß der Psychoanalyse"*, in der er gegen Ende seines Lebens eine elementare Darstellung dieser neuen Wissenschaft gibt. Dabei verzichten wir weitgehend auf den zweiten Teil (Die praktische Aufgabe der Psychoanalyse), weil hier das klinische Interesse im Vordergrund steht. Den dritten Teil (Der theoretische Gewinn) ziehen wir mit dem ersten Teil zusammen, weil er im Grunde eine Differenzierung desselben darstellt.

Methodisch wirft dieser Kurzlehrgang einige Probleme auf. Die Schüler müssen sich in kürzester Zeit in eine Theorie einarbeiten, die ihnen nicht nur fremd ist, die auch noch als schwer zugänglich bezeichnet wird. Deshalb wird sich lehrerzentriertes Unterrichten in größerem Umfang wohl nicht vermeiden lassen. Aber dort, wo es angebracht ist, soll der Schüleraktivität Raum gegeben werden. Grundvoraussetzung für die erfolgreiche Vermittlung des Stoffes ist, daß alle Schüler die in der „Übersicht" bezeichneten Textstellen gelesen und mittels Leitfragen durchgearbeitet haben. Der Lehrer muß den Text also zu Beginn des Kurses mit den Leitfragen zusammen austeilen und für die Lektüre die Frist bis zu Beginn des Theorie-Kurzlehrganges setzen. An besonders interessierte Schüler sollte der Zusatztext *„Über Psychoanalyse" (5 Vorlesungen) von Freud*[1] als Referatstoff gegeben werden. Dieser Text, den Freud für seine Gastvorlesungen in den USA eigens verfaßt hat, faßt die Entstehung der Psychoanalyse aus der Sicht des Entdeckers in relativ leicht verständlicher Form zusammen. Als Ergänzung zu dem systematisch angelegten „Abriß" ist der genealogisch verfahrende Vorlesungstext gut geeignet.

Die einzelnen Stunden sollen so ablaufen, daß nach der Klärung unklarer Begriffe oder Zusammenhänge im gelenkten Unterrichtsgespräch die Inhalte der gelesenen Textstellen anhand der Leitfragen erarbeitet werden. Zur Veranschaulichung der komplizierten Sachverhalte und als Gedächtnisstütze für die spätere Verwendung der Theorie arbeiten wir mit schematischen Darstellungen, Tabellen und Diagrammen, die wir in Folienform in den Unterricht einbringen. Methodisch bieten sich dabei zwei Varianten an: Entweder entwickelt der Lehrer die Schemata mit den Schülern gemeinsam wäh-

---

1 Freud, Darstellungen der Psychoanalyse, Frankfurt/M. 1969, S. 50 ff

rend der Erarbeitung des jeweiligen Stoffes oder er arbeitet mit einer vorbereiteten Folie, die er im Unterricht erläutert. Die Schüler übernehmen diese Schemata in ihre Unterlagen.

Als weiterführende Lektüre oder als Nachschlagewerk sind für Lehrer und Schüler nützlich:

- Charles Brenner, Grundzüge der Psychoanalyse, Frankfurt/M. 1978
- Robert Waelder, Die Grundlagen der Psychoanalyse, Frankfurt/M. 1969
- Jugendlexikon Psychologie (Hg. W. Schmidbauer), Reinbek 1976.

Diese Bücher sollten in einem Handapparat für alle Schüler des Kurses zugänglich sein.

Leitfragenkatalog für die Lektüre des Freud-Textes „Abriß der Psychoanalyse"

Der Aufsatz von Freud ist hier nach einzelnen Schwerpunkten gegliedert, die nicht mit der Einteilung Freuds übereinstimmen. Der Aufsatz soll zwar ganz gelesen werden, konzentrieren sollen sich die Schüler aber auf die hier angegebenen Themenschwerpunkte mit den entsprechenden Seitenzahlangaben. Der Text soll so durchgearbeitet werden, daß die Schüler in der Lage sind, die Leitfragen zu beantworten. Anstreichen im Text oder Notizen dazu können wertvolle Hilfen sein.

Thema 1: Der psychische Apparat (S. 9–11, 51–56 und 58–61)

1. Welche Qualitäten schreibt Freud den drei Instanzen der Seele (Es, Ich, Über-Ich) zu?
2. Wie entsteht das Über-Ich?
3. Woraus erklärt sich die Überstrenge des Über-Ichs?
4. Worin drückt sich die Zwischenstellung des Ichs aus? Welche „Kämpfe" hat es zu führen?
5. Mit Hilfe welcher „Mechanismen" kann das Ich eine Art Gleichgewicht in diesem „Kampf" erreichen?

Thema 2: Trieblehre (S. 11–14)

1. Was versteht Freud unter einem Trieb?
2. Wie ist der körperliche Vorgang der Triebbefriedigung am Beispiel der Sexualerregung?
3. Welche Triebe kennt Freud? In welchem Verhältnis stehen sie zueinander?
4. Welche Eigenschaften haben die beiden Grundtriebe? Was versteht Freud unter „Beweglichkeit" und „Fixierung"?
5. Wie veranschaulicht Freud am Beispiel des Narzißmus die besonderen Eigenschaften des Sexualtriebes?

Thema 3: Die Entwicklung der Sexualfunktion (S. 14–18)

1. Was sind die zentralen Entdeckungen Freuds im Bereich der menschlichen Sexualität?
2. Welche Sexual- oder Triebstadien durchläuft das Kind?

Thema 4: Der Ödipuskomplex (S. 45–50)

1. Warum ist der Ödipuskomplex an die phallische Phase gebunden?
2. Was ist der eigentliche Inhalt des Ödipuskomplexes?

3. Welche Gefühle hegt der Junge gegenüber Vater und Mutter? Wie reagiert die Mutter auf die Verhaltensweisen des Sohnes? Was rufen diese mütterlichen Reaktionen beim Sohn hervor?
4. Wie stellt sich das Verhältnis des Sohnes zu den beiden Eltern nach Abschluß der ödipalen Verstrickung dar?
5. Welche Rolle spielt bei der Überwindung des Ödipuskomplexes die Herausbildung eines Über-Ichs?
6. Was ist der wesentliche Inhalt des Ödipuskomplexes beim Mädchen?

Thema 5: Neurose, Psychose und Regression (S. 40–44)

1. Welche psychische Instanz ist von der Neurose betroffen?
   Wie erklärt Freud diese Tatsache?
2. Was sind die beiden wesentlichen Entdeckungen Freuds hinsichtlich der Entstehung der Neurosen?
3. Wie kann man nach Freud die Neurosen definieren?
Leitfragen zum Zusatztext: Karl Landauer, Erkranken und Gesunden, In: Psychoanalyse und Medizin, München 1965
4. Inwieweit ist eine psychische Krankheit eine innere Flucht in „andere Zeiten"? Welche Funktion erfüllt demnach die Regression?
5. Wie ordnet der Autor unterschiedliche Krankheitsformen den kindlichen Triebphasen zu?

Thema 6: Die Anwendung auf die Literatur

Leitfragen für zwei Schülerreferate zu folgenden Texten:
– Freud, Der Dichter und das Phantasieren, Freud, Studienausgabe Bd. X, Frankfurt/M. S. 169 ff
1. Wie entsteht nach der Theorie Freuds Dichtung?
2. Worin ist der Dichter dem Träumer vergleichbar?
3. Welche Funktion hat die Dichtung für den Dichter?
4. An welchen Merkmalen der Literatur belegt Freud seine These von der Verwandtschaft von Dichtung und Traum?
5. Warum bereitet uns die Aufnahme eines literarischen Werkes (im Unterschied zu einem Traum) Vergnügen?
– Alfred Bergmann, Schriftstellerische Arbeit und Therapie: Die Entdeckung des Charakters; in: Miteinander leben lernen, Heft 5/78, Berlin 1978
1. In welchem Verhältnis stehen Neurose und Kunst?
2. Mit welchen zentralen Begriffen deutet Bergmann den dichterischen Schaffensprozeß?
3. Wie entstehen Minderwertigkeitsgefühle? Wie kommt ein „starkes Subjektgefühl" zustande?
4. Welche Funktionen haben die Figuren, die der Dichter schafft?
5. Wie ist der Zusammenhang von realistischer Schreibweise und Ich-Stärke (bzw. Schwäche)?
6. Was versteht Bergmann unter Charakter? Welche Funktion hat dieser Begriff im Schaffensvorgang des Dichters?

4. Stunde:
Der psychische Apparat
(Abriß S. 9–11, 51–56, 58–61)

In der ersten Stunde unseres Freud-Lehrganges erarbeiten wir mit Hilfe der Leitfragen die Definitionen der psychischen Instanzen, wie sie Freud in seinem „Abriß" gegeben hat. Die wichtigen Textstellen hierzu sind über den Aufsatz etwas verstreut, so daß der Lehrer hier wohl häufiger auf die passenden Fundstellen aufmerksam machen muß. Wir halten die Ergebnisse in Thesen- oder Stichwortform an der Tafel fest, wobei die Schüler ihre häuslichen Aufzeichnungen lediglich ergänzen oder, falls es erforderlich ist, korrigieren. Nach meiner Erfahrung muß der Lehrer bei der Besprechung dieser theoretischen Konstrukte sehr auf die Anschaulichkeit achten, er sollte praktische Beispiele aus dem Alltag parat haben, die die abstrakten Begriffe lebendiger und anschaulicher machen. Dieser Hinweis gilt für den ganzen Freud-Kursus.

Im *zweiten Teil der ersten Unterrichtsphase* entwerfen wir zum ersten Mal ein Diagramm, das die Struktur der Psyche anschaulicher machen soll. Gerade bei dieser noch einfachen graphischen Umsetzung sollte man Schüler zu Werke gehen lassen. Wir greifen allenfalls korrigierend oder helfend ein.

In *Phase 2* wenden wir uns der Zwischenstellung des Ichs zu, die für Freud der Ausgangspunkt vieler seiner Überlegungen zur Erforschung seelischer Fehlentwicklungen gewesen ist. Ausgehend von dem Freud-Zitat „Das Ich kämpft auf zwei Fronten" (Abriß S. 55) lassen wir die Schüler die „Umzingelung" des Ichs graphisch an der Tafel darstellen. Dabei werden wir wohl die Begriffe *„Selbsterhaltung"* und *„Triebabwehr"* einbringen müssen. Wir erläutern sie mit Hilfe der anschaulichen Darstellung bei Freud (Abriß S. 53 ff). Im Anschluß an den

Entwurf des Diagramms untersuchen wir, wie das Ich die vielfältigen Anforderungen der – bildlich gesprochen – es umgebenden Instanzen zu meistern versucht. Dabei ist der interessante und von Freud fast ausschließlich beschriebene Aspekt der Kampf des Ichs gegen die Triebansprüche des Es. Unter dem Diktat einer triebfeindlichen Umwelt und eines rigiden Über-Ichs bleibt dem Ich oft nichts anderes übrig, als Triebregungen und Ansprüche aus dem Es-Bereich zu verdrängen, d. h. ins Unbewußte abzuschieben. Die den Impulsen innewohnenden Energien gehen jedoch nicht verloren. Diese *Verdrängungen* sind – wenn man sie aktualisieren kann – oft der Schlüssel zum Verständnis psychischer Erkrankungen. Die gegen die Abschiebung ins Unbewußte aufgewendete Kraft des Es nennt Freud *Widerstand*. Oft ist die Verdrängung nicht vollständig. Teile des verpönten Triebes gehen ins Ich ein und werden nach Maßgabe der äußeren Umstände befriedigt (Realbefriedigung). Oft geschieht dies nur in Form sogenannter *Ersatzbefriedigungen,* bei denen die Verbindung zum ursprünglichen Triebziel gelockert ist. Z. B.: Der Haß auf einen anderen Menschen entlädt sich in der körperlichen Verausgabung beim Holzhacken. Oder: Unbefriedigende sexuelle Betätigung wird durch zotige Witze am Stammtisch ersatzweise befriedigt.

Die höhere und subjektiv befriedigendere Form der mittelbaren Befriedigung von Trieben ist die *Sublimierung*. Freud versteht darunter die Verfeinerung oder Vergeistigung sexueller und aggressiver Triebregungen, die von ihrem ursprünglichen Ziel fast völlig abgezogen sind. Der Sublimierende schafft es, den Lustgewinn aus einer Sublimierung höher einzuschätzen als deren unmittelbare Befriedigung. Freud ist der Meinung, daß ein Großteil unseres „hochgeschätzten Kulturbesitzes auf Kosten der Sexualität, durch Einschränkung sexueller Triebkräfte erworben wurde" (Abriß S. 56).

Nach der Erarbeitung der hier dargestellten zentralen Begriffe zeichnen wir die Mechanismen als Pfeile in das Schema an der Tafel ein. Möglich wäre auch, daß wir nach der gemeinsamen Erarbeitung eine vorbereitete Folie einbringen, die die Schüler erläutern und dann in ihre Aufzeichnungen übernehmen. Wichtig ist, daß die Schüler kurze Begriffsdefinitionen für Triebabwehr, Verdrängung, Widerstand, Ersatzbefriedigung, Sublimierung in ihr Begriffsglossar übernehmen:

– *Triebabwehr/Verdrängung:* Abwehrhaltung des Ichs gegen Erlebnisse, Vorstellungen und Triebregungen, die aus dem Bewußtsein verbannt und ins Unbewußte abgeschoben werden, ohne dadurch die ihnen innewohnenden Energien zu verlieren.

– *Widerstand:* Haltung gegen die Bewußtmachung von seelischen Konflikten; er wird von denselben Energien unterhalten, die die Verdrängung bewirken. Haupthindernis für den Therapeuten.

– *Ersatzbefriedigung:* Lustgewinn aus der mittelbaren, von ihrem eigentlichen Ziel abgelenkten Befriedigung von Wünschen.

– *Sublimierung:* Vergeistigung der sexuellen Triebregungen, ihre Ablenkung auf nichtsexuelle Ziele z.B. auf künstlerische Betätigung oder platonisch-geistige Freundschaften.

5. Stunde:
Trieblehre
(Abriß S. 11–14)

Wir lassen zu Beginn die Schüler ausführen, was sie unter Trieb verstehen und welche Triebe sie beim Menschen kennen. Die Schüler werden unter Trieb ein instinkthaftes, natürliches Bedürfnis verstehen, also ungefähr die populäre Definition wiedergeben,

die im Sprachgebrauch üblich ist. Als Triebe solcher Art werden sie nennen: Hunger, Durst, Fortpflanzung, Sexualität. Wenn die Schüler die Aggression hier nicht anführen, sollte der Lehrer nachfragen, ob sie darunter keinen Trieb verstünden. Viele sehen im Aggressionstrieb keinen eigenständigen menschlichen Trieb, sondern eine reaktive Verhaltensweise nach Frustration und Versagung. Dies war zu Lebzeiten Freuds auch ein wesentlicher Einwand gegen die dualistische Triebtheorie.

Im Anschluß an diese offene Diskussionsphase führen wir den Freudschen Begriff des Triebes ein. Dazu dienen die beiden ersten Leitfragen, die die Schüler bei der häuslichen Lektüre des „Abrisses" beantworten sollten. Als nächsten Schritt erläutern wir die Wirkungsweise der Triebe. Ihnen zugrunde liegt eine *Triebenergie*. Freud hat nur der Energie des Eros einen Namen gegeben, er nannte sie *Libido*. Die Quelle des Triebes ist ein innersomatischer (im Körper wirkender) Reizzustand. Es sind im Grunde körperliche Bedürfnisspannungen, die sich in Form von Forderungen nach Befriedigung im Seelenleben bemerkbar machen.

In der *zweiten Phase* der Stunde erläutern wir die dualistische Triebtheorie Freuds. Wir entwerfen an der Tafel ein Diagramm, mit dessen Hilfe sich die Gegenüberstellung der beiden Grundtriebe veranschaulichen läßt. Wir benutzen die von den Schülern zuvor selbst genannten Triebe, um das von Freud entwickelte Gesetz der Triebmischung, der Vermischung erotischer und aggressiver Triebkomponenten, zu erläutern. Freud nannte dieses Phänomen *Verschiebung*. Am Beispiel des Essens kann man sehen, wie Lust und Aggression zusammenspielen. Das Kauen führt zur Zerstörung des Objektes und zur Einverleibung. Der ganze Eßvorgang ist nicht nur lustbetont (oral), sondern führt auch zur Lebenserhaltung, also in eine dem Destruktionstrieb entgegengesetzte Zielrichtung. In der Sexualität entscheidet das konkrete Mischungsverhältnis von Eros und Destruktionstrieb, ob wir es mit einem schüchtern-gehemmten Liebhaber oder einem Lustmörder zu tun haben. Wir finden also in den von den Schülern genannten biologischen Trieben des Menschen immer Komponenten beider Triebe, die Freud die Grundtriebe nannte, vor.

Als *nächsten Schritt* erläutern wir eine weitere von Freud gemachte Beobachtung, seine These von der *Beweglichkeit* und *Fixierung* der Libido. Hierbei geht es um die Zielrichtung des jeweiligen Triebes, um die sog. Objektbesetzung. Freud stellte fest, daß sowohl der Sexualtrieb, als auch der Aggressionstrieb sich in der Regel nicht auf ein einziges Objekt richten und dieses besetzen, sondern daß die Objekte wechseln. Dies wird gerade der pubertierende Schüler schwer verstehen, der nach der sexuellen Latenzphase sich zum ersten Mal richtig verliebt, d.h. dessen Liebesobjekt sich zum ersten Mal außerhalb des ödipalen Dreiecks (Vater-Mutter-Ich) findet. Ist dieser Prozeß der Ablösung von den ersten Liebesobjekten der frühen Kindheit aber einmal vollzogen, gelingt es dem Jugendlichen oder späteren Erwachsenen viel leichter, unterschiedliche Objekte libidinös zu besetzen. Psychoanalytiker sprechen davon, daß die ursprünglich relativ starre Fixierung auf den jeweils andersgeschlechtlichen Elternteil mitunter dazu führe, daß der Heranwachsende sich nur in Menschen verlieben kann, die den Eltern ähneln.

Auch beim Destruktionstrieb lassen sich Prozesse beobachten, bei denen das Objekt der Aggressionsabfuhr wechselt. Bekannt sind die Fälle im Leben, bei denen der Haß auf andere Personen sich aus Angst vor deren Autorität gegen die eigene Person richtet (Haare raufen, sich in die Hand beißen). Das Über-Ich ist nach Freud die Instanz, der es vor allem zu verdanken ist, daß die ungehemmte Aggressionsabfuhr gemildert oder umgebogen wird. Der Preis ist für das Individuum oft die latente Gefahr zur Selbstzerstörung, oft verbunden mit körperlichen Symptomen.

Eine andere Variante des Umgangs mit Aggressionspotentialen, die nicht abgeführt werden konnten, kann man bei der sog. „autoritären Persönlichkeit" studieren. Dort werden die Aggressionen gegen Außenseiter und Andersartige freigesetzt, deren vermeintliche Minderwertigkeit die ansonsten rigide Über-Ich-Kontrolle außer Kraft setzt. Bei dieser Gelegenheit können wir auf den Text verweisen, bei dessen Besprechung wir dieses Phänomen behandelt haben (Tobias Mindernickel). Auch bei den späteren Literaturanalysen wird der Tatbestand der Umbiegung des Aggressionstriebes eine Rolle spielen (Eveline, Das Urteil, Der Sandmann, Heine).

Am Beispiel des *Narzißmus* kann man besonders anschaulich sehen, wie sich das Triebziel wandeln kann bei gleichbleibender Gesamtmenge an Triebenergie. In der *dritten Phase* dieser Stunde wenden wir uns diesem Aspekt der Freudschen Triebtheorie zu. Die von Freud dazu gemachten Ausführungen finden sich ebenfalls in unserem Text für diese Stunde (Abriß S. 11–14). Als Impuls für die Schüler dient die entsprechende Frage aus dem Leitfragenkatalog.

Unmittelbar nach der Geburt, wenn das Kind die Außenwelt noch nicht von sich abgetrennt hat und die Mutterbrust als Nahrungsquelle im eigenen Körper begreift, ist alle Libido noch im Ich des Kindes konzentriert. Freud nennt dies den Zustand des *primären Narzißmus* (Definition: Ich- oder Selbstliebe; das Ich dient dem Sexualtrieb als Objekt – abgeleitet vom griechischen Mythos des in sich selbst verliebten Narziß). Wenn das Kind beginnt, Objekte der Außenwelt (Dinge und Personen) mit Libido zu besetzen, spricht man von der Umwandlung der narzißtischen Libido in *Objektlibido*. Diese Möglichkeit, die Libido frei „fließen" zu lassen, bleibt dem Menschen auch im Erwachsenenalter noch erhalten. Man denke nur an den Frischverliebten, der der Geliebten – wie man poetisch sagt – „all seine Liebe schenkt". Wird diese Objektliebe irgendwann einmal enttäuscht, zieht er sich gekränkt auf sich selbst zurück, verharrt also im Zustand eines *sekundären Narziß-mus*. Bei besonderer seelischer oder körperlicher Beanspruchung wie z. B. bei Müdigkeit, Schmerz, Krankheit oder Trauer verstärkt sich immer die narzißtische Komponente im Seelenhaushalt des Menschen. Hieran kann man sehen, daß Narzißmus, wenn er nicht in eine brutale Egozentrik ausartet, durchaus eine wichtige biologische und soziale Funktion hat (Selbsterhaltung). Diese Beispiele zeigen, daß die Umsetzung narzißtischer Libido in Objektlibido und umgekehrt jederzeit möglich ist. Die Libido ist demnach eine allgemeine sexuelle Zuwendung zum Ich, zu anderen Personen und Dingen (Objekten).

Eine kurze Anmerkung zur Begrifflichkeit: Der Begriff „primärer Narzißmus" findet sich im Text von Freud. Den Begriff des „sekundären Narzißmus", den Freud hier nur inhaltlich umreißt, aber noch nicht so benennt, muß der Lehrer einbringen. „Objektlibido" nennt Freud den Teil der Triebenergie, den das Ich von sich abzieht und an Dinge bzw. Personen heftet. Den Vorgang selbst nennt Freud „Libidobesetzung an Objekte".

6. Stunde:
Die Entwicklung der Sexual-funktion
(Abriß S. 14–18)

In dieser Stunde geht es um ein Kernstück der Freudschen Psychoanalyse, um die kindlichen Triebstadien. Es gehört zu den großen Entdeckungen Freuds, daß das Sexualleben nicht erst in der Pubertät beginnt, sondern schon bald nach der Geburt in seinen ersten Äußerungen sichtbar wird. Allerdings weitet Freud zur Stützung dieser These den Begriff des Sexuellen über die Genitalfunktion hinaus (was ihm sehr viel Feindschaft einbrachte) und definierte die Sexualität als „Funktion der Lustgewinnung aus Körperzonen, die nachträglich in den Dienst der Fortpflanzung gestellt wird." (Abriß S. 15) Freud geht nun davon aus, daß die körperliche Umformung des Kindes korrespondiert mit der Abfolge bestimmter *Triebstadien*. Ihnen zugrunde liegen bestimmte *erogene Zonen*, deren Reizung Voraussetzung für die libidinöse Befriedigung ist. Je nach Alter des Kindes (Wachstum des Organismus) herrscht eine der erogenen Zonen vor.

Diese Sachverhalte erschließen wir im Unterrichtsgespräch mit Hilfe der Leitfragen für diese Stunde.

Die Schüler werden die Brisanz, die Freuds Theorie Anfang des 20. Jahrhunderts besaß, und das Ausmaß des Skandals, den sie in der wissenschaftlichen Welt und in der interessierten Öffentlichkeit auslöste, heute kaum noch ermessen können. Zu sehr ist das Allgemeingut geworden, was damals die Gemüter erhitzte. Zu sehr hat sich das Tabu um das Sexuelle in unserer „aufgeklärten" Zeit gelüftet, als daß die heutige Jugend darüber noch ins Staunen geriete, was unsere Großväter entsetzte. Trotzdem halte ich es für angebracht, die Schüler mit den Haupteinwänden und Kritikpunkten von Freuds Zeitgenossen vertraut zu machen.

Die Kritik gipfelte im Vorwurf des „Pansexualismus", d.h. in der Behauptung, Freud führe alle Lebensregungen, dazu noch das geistvollste künstlerische Schaffen, auf sexuelle Triebregungen zurück. Damit verbunden war die Kritik daran, daß Freud den Sexualtrieb in zwei Richtungen über das von den Zeitgenossen als erwiesen Angesehene hinaus ausdehnte: auf die kindliche Lebenszeit und auf Aktivitäten, die nicht den Geschlechtsakt im engen Sinne betrafen. Beides kollidierte mit der Vorstellung vom unschuldigen Kind und von der Bindung des Sexuellen an den Akt der Fortpflanzung.

Daß bei Freud die Grenze zwischen Normalem und Perversem nicht mehr scharf gezogen war und daß als Ziel des Sexualtriebes in erster Linie Lustgewinn angegeben wurde, schien den christlichen Glaubenssätzen verpflichteten Kritikern dazu angetan zu sein, die geltenden Moralbegriffe aufzuweichen.

Eine andere Art von Kritik kam von der streng empirisch arbeitenden Richtung in Biologie und Medizin. Deren Vertreter stießen sich vor allem daran, daß kaum eine der Thesen Freuds über die Sexualphasen empirisch zu beweisen war. Sie hielten die Freudschen „Entdeckungen" für Setzungen seiner Imagination, für Wunschprojektionen. Es ist nicht verwunderlich, daß sich diese Art von Kritik im Gegensatz zur moralisch begründeten bis heute noch gehalten hat, sie hat auch die Gabelung in „Freudsche Psychoanalyse" und „empirische Psychologie" innerhalb der Psychologie begründet. Der schärfste Kritiker an der Psychoanalyse aus dieser szientistischen Schule von heute ist D. E. Zimmer, der in einer Streitschrift in der ZEIT jüngst die Psychoanalyse als den letzten Aberglauben des Jahrhunderts bezeichnet hat (D. E. Zimmer, Der Aberglaube des Jahrhunderts, Die ZEIT vom 5. 11. 1982).

In der nächsten Phase geben wir den Schülern die auf eine Folie gezeichnete Übersicht über die Triebstadien. Sie basiert auf der Freudschen Terminologie, hat jedoch an einigen Stellen eine leichte Differenzierung erfahren (z. B. Zweiteilung der oralen Phase). Auch sind einige Begriffe in der Spalte „Ziel der Triebtätigkeit" aus anderen Quellen hinzugefügt. Die Bücher, auf die man sich hierbei stützen kann, sind:

Sebastian Goeppert, Grundkurs Psychoanalyse, Reinbek bei Hamburg 1976

Heiner Legewie/Wolfram Ehlers, Knaurs moderne Psychologie, München, Zürich 1972

Ein über Freud hinausführender und für die Literaturanalyse sehr wichtiger Ansatz ist das Bemühen *Erik H. Eriksons,* die Stufen der Sexualentwicklung mit der Entwicklung der sozialen Einstellung in Beziehung zu setzen.[*]

Danach lernt das Kind in der oralen Phase anzunehmen, was ihm gegeben wird: die Nahrung von der Mutterbrust. Die ständige Verfügbarkeit dieser Quelle und die beim Saugen gewonnene Lust schaffen in der Psyche des Säuglings ein *Urvertrauen,* die erste Eriksonsche „soziale Einstellung". Nach der Entwöhnung von der Mutterbrust, die mit einer Subjekt-Objekt-Unterscheidung in der Wahrnehmung des Kindes einhergeht, muß sich das Kind auf andere „Lustobjekte" einstellen. Bei einer wenig verständnisvollen Mutter kann dies dazu führen, daß das anfängliche *Vertrauen* in *Mißtrauen* umschlägt. In der darauffolgenden Phase, der analen, verlagert sich die Bedürfnisbefriedigung auf die anale Zone. Das Kind lernt „zurückzuhalten" und „auszustoßen". Es muß zwischen aktiver „Beherrschung" und passiver „Hingabe" unterscheiden lernen. Es lernt die Fähigkeit, sich selbst zu kontrollieren, und bildet dadurch wichtige Ich-Funktionen aus. Der Wunsch nach Selbständigkeit und das ausgebildete Selbstbewußtsein geraten jedoch immer wieder in Konflikt mit den Anpassungsforderungen der näheren (Familie) und weiteren (Gesellschaft) Umwelt. Die Art der Lösung dieses Konflikts determiniert nach Erikson die überwiegend sich ausbildende soziale Einstellung: *Autonomie* – oder *Scham und Zweifel.*

Vom 3. bis zum 5. Lebensjahr (in der phallischen Phase) werden die Genitalien zum Mittelpunkt libidinöser Erregung und Befriedigung. Das sexuelle Interesse gilt nicht nur dem Erproben der eigenen Sexualfunktion, sondern wendet sich auch dem anders-

---

[*]*Quelle:* Erik H. Erikson, Kindheit und Gesellschaft, Zürich und Stuttgart 1975, S. 241–270

geschlechtlichen Partner zu. Vor allem werden auch die Eltern in diese sexuellen Wünsche einbezogen (Ödipus-Konflikt). Dieser Konflikt endet in der Regel mit einer weitgehenden Unterdrückung der sexuellen Wünsche durch die Übernahme der elterlichen Moralbegriffe (Herausbildung des Über-Ichs). Die Art der Abwehr der sexuellen Bestrebungen des Kindes und der sich daraus ergebenden Identifizierungsmöglichkeiten mit den Eltern ergeben wiederum die Dominanz einer der beiden sozialen Einstellungen: *Initiative* oder *Schuldgefühl*. Erikson hat diese Dichotomie von sozialen Einstellungen bis ins reife Alter des Menschen weiterverfolgt. Für unsere Zwecke, die Darstellung der kindlichen Triebphasen, reichen die ersten drei Eriksonschen Kindheitsphasen.

Im gemeinsamen Unterrichtsgespräch entwickeln wir – ausgehend von unserer Übersicht über die Triebstadien – die sozialen Einstellungen des Kindes, die sich bei der – normalen oder gestörten – Bewältigung der Triebstadien herausbilden. Die Stunde schließt mit der Erstellung einer tabellarischen Übersicht über die Eriksonschen „psychosozialen Stadien".

7. Stunde:
Der Ödipuskomplex
(Abriß S. 45–50)

Thema der siebten Stunde unseres Freudkurses ist der Ödipuskomplex, den wir bei der Erläuterung der Triebphasen nur namentlich erwähnt haben. Als Grundlage wählen wir wiederum eine Textpassage aus dem „Abriß", die von den Schülern mittels Leitfragen präpariert worden ist.

In *Phase 1* der Stunde klären wir, welchen Inhalt der Ödipuskomplex hat und warum er an die phallische Phase der Kindheitsentwicklung gebunden ist.

In der 2. *Phase* betrachten wir die familiäre Dreieckssituation genauer und versuchen den bislang statischen Begriff des Ödipuskomplexes durch die Darstellung der psychischen Prozesse zu dynamisieren. Anhand zweier Schemata, die den Ödipuskomplex im Stadium seines Beginns und seines Abschlusses illustrieren, soll das erworbene Wissen um die psychischen Vorgänge zusammengefaßt werden. Im Rückgriff auf frühere Stunden (Psychischer Apparat/Trieblehre) können wir an dieser Stelle sehr anschaulich und plausibel erläutern, wie es zu der Ausbildung des Über-Ichs in der kindlichen Psyche kommt. Sie ist ein Resultat der Kapitulation vor der Stärke des Vaters, den man zuerst als Rivalen gegenüber der Mutter gehaßt hat. Jetzt setzt ein gegenläufiger Prozeß ein, der Vorgang der Identifizierung ist – wenn man so will – ein Akt der Anpassung, der Preisgabe eigenen Machtstrebens. Er setzt der ambivalenten Haltung des Kindes zum Vater ein Ende und ermöglicht ihm ein relativ konfliktfreies Verhältnis zum Vater. Da die Sollensanforderungen des Vaters, in die sich das Kind unbewußt einfühlt, gleichzeitig immer gesellschaftliche Normen sind, hat hier ein Prozeß der Sozialisierung, der gesellschaftlichen Anpassung im Seelenleben des Kindes stattgefunden.

Die 3. *Phase* der Stunde gilt dem weiblichen Gegenstück zum Ödipuskomplex des Knaben, dem sog. „Elektrakomplex". Bei ihm wendet sich das Mädchen aus durch Anschauung erworbenem Penisneid dem Vater zu, von dem sie ein Kind wünscht. (Genaue Darstellung siehe Stundenblatt zu dieser Stunde.)

In *Phase 4* der Stunde vertiefen wir das erworbene Wissen, indem wir die Bedeutung der Entdeckung dieses Ödipuskomplexes diskutieren, die er für die Erforschung der Persönlichkeitsentwicklung gehabt hat und noch hat. An den beiden graphischen Darstellungen kann man im Grunde die Antwort ablesen. In dieser Phase der Kindheitsentwicklung finden offenbar die wesentlichen Prägungen des Kindes in Bezug auf die beiden Eltern statt, die hier im Grunde stellvertretend für das jeweilige Geschlecht stehen. Im Verhältnis zum Vater lernt der Junge, seine Rolle als Mann anzunehmen, im Verhältnis zur Mutter klärt sich seine Beziehung zum anderen Geschlecht. Es ist unmittelbar eingängig, wenn man vermutet, daß unbewältigte oder verdrängte oder negativ bewältigte Konflikte aus dieser wichtigen Entwicklungsphase Auswirkungen haben für die Persönlichkeitsentwicklung bis ins Erwachsenenalter hinein. Hierzu einige Beispiele:

– Ein gelassen auf die Rivalitäten des Jungen reagierender Vater hilft dem Jungen über die Trotzstellung gegen den väterlichen Rivalen hinweg und ermöglicht eine positive Identifizierung ohne „Gesichtsverlust".

– Ein überstrenger, strafender Vater verstärkt überdimensional die Haßkomponente und führt schließlich zur Unterwerfung, Überanpassung und verdrängter Aggression.

– Eine gütige, die sexuellen Bedürfnisse des Jungen akzeptierende Mutter führt den Jungen zu einer positiven, unkomplizierten Einstellung zum weiblichen Geschlecht.

– Eine rigide, die sexuellen Impulse des Jungen streng unterbindende Mutter führt zur Erschütterung der Männlichkeit des Jungen, die sich in chauvinistischem Frauenhaß (Unterwerfungsgelüsten) oder in einer gehemmten Zurückgezogenheit gegenüber Frauen äußern kann, u. U. auch in homoerotischen Neigungen.

Es versteht sich von selbst, daß es sich hier um äußerst idealtypisch skizzierte Persönlichkeitsstrukturen handelt. In der Realität sind die Prozesse ungleich verwickelter und die Resultate in der Charakterstruktur von vielfältigsten Mischungsverhältnissen geprägt.

Zum Schluß der Stunde wenden wir uns der Frage zu, weshalb Freud den Namen Ödipus-Komplex wählte. In einem komprimierten Kurzvortrag (durch den Lehrer oder – falls vorbereitet – durch einen Schüler) stellen wir den Inhalt der griechischen Ödipus-Sage dar. Als Quellen gibt es die älteste Darstellung durch Homer, dann die jüngeren Fassungen bei den Tragikern Sophokles, Aischylos und Euripides. Als Literatur bietet sich entweder ein Lexikon antiker Mythen an (Lexikon der antiken Mythen und Gestalten, dtv/List, München 1980, S. 306 f.) oder die Nachdichtungen von Schwab. Interessant ist nun, daß Freud sich nicht damit begnügt, der Sage den Namen für seine Entdeckung zu entlehnen, sondern daß er sein analytisches Verfahren auf den Bericht, den die Sage gibt, selbst anwendet. Er vermutet hinter den Begründungen, die für den Inzest des Sohnes mit der Mutter gegeben werden (Unkenntnis der wahren Eltern), eine Rationalisierung, die verdecken soll, daß es sich bei den Inzestwünschen um Phantasien eines jeden Menschen auf einer bestimmten Stufe seiner Entwicklung handelt.

Den Abschluß der Stunde bildet die Diskussion über die Bedeutung der Freudschen Entdeckung des Ödipuskomplexes für unser späteres Vorhaben: die Literaturanalyse mit Hilfe der Psychoanalyse. Wir können hier die Schüler an die beiden Texte erinnern, mit denen wir in die psychoanalytische Methode der Literaturbetrachtung eingeführt haben. Im „Nachbarn" und in „Tobias Mindernickel" haben wir letztendlich die Ursachen für das absonderliche Geschehen in der Persönlichkeit der Hauptfigur gesucht. Die Kenntnisse über die psychischen Verstrickungen des Kindes während der ödipalen Phase können uns helfen, Absonderlichkeiten des Erwachsenenverhaltens auf Prägungen während der ödipalen Phase zurückzuführen. Die anderen Triebstadien werden dadurch ihre Bedeutung nicht verlieren, wenn man wie Freud annimmt, daß vor allem die Mann-Frau-Beziehungen von der ödipalen Phase her determiniert sind.

8. Stunde:
Neurose, Psychose und
Regression
(Abriß S. 40–44)

Unter einer Neurose versteht man eine durch seelische Krisen, unbewältigte Konflikte oder Fehlleistungen verursachte Störung, die sich in seelischen oder körperlichen Krankheiten äußern kann. Diese allgemeinmedizinische Beschreibung der neurotischen Störung – von der viele Schüler sicher schon gehört haben – gilt es nun in der *ersten Phase* dieser Stunde zu „übersetzen" in den psychoanalytischen Erklärungszusammenhang. Wir rufen zu diesem Zwecke das in der ersten Stunde unseres Kurzlehrgangs entworfene Schema des psychischen Apparates in Erinnerung. Durch welche Konflikte könnte eine neurotische Störung verursacht sein? Wenn man sich die Position des Ichs betrachtet, das von den Anforderungen dreier Instanzen (Umwelt/Es/Über-Ich) geradezu umzingelt ist (symbolisiert durch die Pfeile), fällt die Einsicht nicht schwer, daß eine Neurose der Zustand sein muß, bei dem das Ich mit diesen Anforderungen nicht oder nur ungenügend fertig wird. „Die Neurosen sind, wie wir wissen, Affektionen des Ichs" (Abriß S. 42).

Freud machte nun zwei wesentliche Entdeckungen:

1. daß Neurosen in der Regel in der ersten Kindheit (bis zum 6. Lebensjahr) erworben werden, und
2. daß die Bewältigung des Sexualtriebes in dieser Phase die entscheidende Rolle dabei spielt.

„Unsere Beobachtung zeigt uns aber regelmäßig, ..., daß die Erregungen, denen diese pathogene (krankmachende) Rolle zukommt, von Partialtrieben des Sexuallebens herrühren. Die Symptome der Neurosen sind durchweg, man möchte sagen, entweder Ersatzbefriedigungen irgendeines sexuellen Strebens oder Maßnahmen zu ihrer Verhinderung, in der Regel Kompromisse von beiden ..." (Abriß S. 43)

Freud hat auf die Parallele zwischen Traum und Neurose hingewiesen. (Wir müssen in unserem Kurzlehrgang leider aus Zeitgründen das Traum-Kapitel in Freuds „Abriß" überspringen. Dem interessierten Lehrer sei es allerdings zur Lektüre empfohlen). Die *neurotischen Symptome* (Äußerungsform einer Erkrankung) entsprechen dem *Traumerlebnis (dem manifesten Trauminhalt)*. Dahinter verbirgt sich der *latente Trauminhalt* (ein ins Unbewußte verdrängter Triebanspruch), der sich analog dazu in der Neurose, in der verzerrten Form der Reaktionsbildung oder Ersatzbefriedigung äußert. Die Methode der Entschlüsselung der Symptomatik, d. h. ihre Zurückführung auf verdrängte Wünsche, ist bei Traumdeutung und Neurosentherapie dieselbe.

In der *zweiten Phase* dieser Stunde fassen wir unsere „Erkenntnisse" über die Neurose in einer Art Definition zusammen, die die Schüler in ihre Aufzeichnungen übernehmen. Anschließend zeichnen wir das Schema der Neurosenentstehung an die Tafel oder erläutern eine dazu vorbereitete Folie. Falls die Zeit es erlaubt, kann man auch einen Schüler beauftragen, die Strukturskizze zu entwerfen.

Im zweiten Teil der Stunde *(Phasen 3 bis 5)* besprechen wir einen Zusatztext, einen kurzen Auszug aus dem Aufsatz von Karl Landauer „Psychisches Erkranken als Regression". Darin wird die Frage, die die vorausgehenden Lernschritte nur angerissen haben, genauer beantwortet: In welche Bezirke unseres Seelenlebens führen die Verdrängungen zurück, die der neurotische Mensch vornehmen muß? Für welche Triebe oder Triebphasen sind die neurotischen Symptome Ersatzbefriedigungen? Landauer beantwortet diese Fragen so, daß er als „Fluchtpunkt" des Neurotikers immer die Phase der

Kindheit annimmt, die als lustvoll erlebt wurde, an die das Unbewußte mit seinen Energien noch „fixiert" ist. Daher stammen die Wendungen „oralfixiert" oder „analfixiert", die heute schon ihren Einzug in die gehobene Alltagssprache gefunden haben. Um nicht allzu viel Zeit mit der Aufstellung der Tabelle zu verlieren, muß die Leitfrage für die 4. Phase von den Schülern sehr sorgfältig zu Hause erledigt werden. Wir bereiten eine Folie vor, mit der wir das Ergebnis der Schüler komplettieren. Zur Tabelle noch folgende Anmerkung. Den Schülern wird sicher auffallen, daß in der Freudschen Übersicht über die Triebstadien der Begriff der narzißtischen Phase fehlt. Landauer hat offensichtlich eine andere Terminologie. Es ist anzunehmen, daß er unter narzißtischer Phase sowohl die orale als auch die phalli-

sche versteht, da nur in diesen beiden Stadien narzißtische Allmachtgefühle beim Kind anzutreffen sind. Einmal das überwältigende Gefühl des Einsseins mit der Nahrungsquelle in der oralen Phase, das andere Mal der Stolz auf den Besitz des Penis in der phallischen Phase.

Nach dieser Vorarbeit kommt die eigentliche Interpretationsleistung. Es gilt, den Mechanismus der neurotischen Regression den Schülern zu erklären. Dies tun wir in der 5. Phase. Ausgehend von der These Landauers, daß eine Neurose oder Psychose Regression sei, eine Rückkehr in glücklichere Zeiten, lassen wir jetzt die Schüler beschreiben, worin die spezifische Verbindung zwischen Krankheits*form* und Trieb*stadium* liegt, warum also der Melancholiker gerade in die orale Phase zurück„flieht".

Karl Landauer, Psychisches Erkranken als Regression

... Der Weg für eine örtliche Flucht steht oft nicht offen. Wir können uns vielen Ursachen von Leid – z. B. den geliebten Personen, die uns enttäuschen und kränken, den gehaßten Personen, zu denen wir in einem Abhängigkeitsverhältnis stehen – nicht entziehen. Wir würden uns dadurch einen neuen, schlimmeren Schaden, den Liebesverlust, zufügen. So müssen wir räumlich bei denen, die wir meiden wollen, verharren. Da bleibt nur eine Flucht in andere Zeiten, zu vergangenem Schöneren, wo der Schmerz nicht war, der uns jetzt gesetzt wurde, wo wir irgendwelche Lust genossen, die uns immer wieder zur Erneuerung auffordert (das heißt, an die wir „fixiert" sind). Das Leben aber geht weiter, stellt ständig neue Anforderungen, an die wir angepaßt sein müssen. So bewirkt dieses Vorkommnis Schwierigkeiten, da wir, teilweise in einer andern (oft unbewußten) Welt lebend und strebend, nicht mit unserer ganzen Person beim Heute sind. Einst waren diese jetzt unsinnigen Strebungen sinnvoll. Wenn das Kleinkind von einem bösen Gespielen verfolgt war, so konnte eine Flucht zur Mutter sehr wohl die Gefahr beseitigen und über dies hinaus die Angst wieder gutmachen, indem die Mutter Trost und Liebe gab; auch erfüllte sich so nicht selten der Wunsch nach Rache am Verfolger: die Mutter rächte. Wenn aber ein Erwachsener in einer schwierigen Situation sich von der Außenwelt abschließt, willen- und teilnahmslos herumhockt, weil er in (oft unbewußten) Phantasien auf dem Schoß der – vielleicht längst toten – Mutter sitzt, so ist er krank, muß von der Mutter weggerissen, dem jetzigen Leben, oft dem Kampfe zugeführt werden. Die Krankheitsformen, die auf dem Fliehen beruhen, sind verschieden, je nach der Tiefe der Regression in bezug auf die Libidoentwicklung. So sind die Störungen des Bewußtseins ein Zurückgehen der Person auf den Zustand im Mutterleib; die Depres-

sionen und heiteren Verstimmungen nehmen die orale Phase wieder auf; die Zwangs-
neurose regrediert zur analen, die Paranoia und die Hypochondrie zur narzißtischen
Periode, die Hysterie und die Phobien in die Zeit des Ödipuskomplexes. Auf den
einzelnen Regressionsstufen können deshalb verschiedenartige Erkrankungen entstehen, weil das Ich besondere Verhaltensweisen hat, die das Bild mitbestimmen.
Neurosen bilden sich aus, wenn ein starker, gesunder Ich-Rest vorhanden ist, der im
alten Zusammenhang mit der Umwelt steht, und das Ich nur über bestimmte Teile der
Triebwelt (des Es) nicht genügend Herr blieb. Bei den Psychosen dagegen ist das Ich
auch von der wirklichen Welt zum Teil oder ganz abgelöst. Jedoch ist die Vorhersage
der Krankheitsdauer und Heilungsmöglichkeit bei der Psychose nicht schlechter als
bei der Neurose; auch richtet sie sich bei beiden nicht nach der Tiefe der Regression.
Manche Neurose, die nur auf die Kinderangst der Ödipuszeit regrediert, ist schmerzli-
cher und kann schwerer bekämpft werden als z. B. eine seelisch bedingte Ohnmacht,
obwohl sie eine Rückkehr in den Mutterleib darstellt. Die Ohnmacht weicht für
gewöhnlich „von selbst" der Notwendigkeit des Lebens: man *muß* erwachen. Denn
selbst in demjenigen, der nicht mehr glaubt, leben zu können, lebt „es", zwingt „es"
zu leben. Zahllose neurotische Erkrankungen und Symptome schwinden unter dem
Einfluß der Realität. Ein Beispiel ist ein Brand, der in einer großen Irrenanstalt
Amerikas ausbrach und an dessen Löschung sonst völlig verwirrte Geisteskranke
sinnvoll mitarbeiteten. Nachher verfiel die Mehrzahl wieder in ihre Krankheit. Dies
zeigt uns, wie unrecht es ist, leichtsinnig mit dem Vorwurf der Simulation, der
bewußten Täuschung, zu sein; denn wer in *diesem* Milieu, unter *diesen* Umständen
krank ist, ist in *jener* Umwelt, unter *jenen* Bedingungen vielleicht gesund.
Viele ändern auch die Umwelt, so daß sie in dieser neuen Umgebung nicht krank sein
müssen. Oft resultiert dann allerdings eine Krankheit des Milieus in bezug auf die
weitere Gesellschaft. Nie aber gesundet der Mensch ohne Zusammenhang mit der
Umwelt. Es ist daher keine Schwäche, bei Neurosen Hilfe von außen zu beanspru-
chen. Nur Münchhausen zog sich selbst am eigenen Zopf aus dem Sumpf.

Karl Landauer, Erkranken und Gesunden. In: P. Federn u. H. Meng (Hrsg.): Das psychoanalytische Volksbuch. Allgemeiner Teil zur Einführung in die Grundlagen zur Psychoanalyse, Verlag Hans Huber, Bern u. Stuttgart 1957, S. 220ff.

Bei dieser keineswegs leichten Fragestellung
müssen wir den Schülern dadurch behilflich
sein, daß wir nochmals auf die spezifischen
Befriedigungsmöglichkeiten in den einzelnen Triebstadien hinweisen, an die der
Kranke anscheinend so stark fixiert ist.
Beginnen wir mit der *Depression*. Sie ist in
ihrer undefinierbaren Trauerstimmung ohne
erkennbar äußeren Anlaß das genaue Negativbild des ozeanischen Glücksgefühls, das im
Kinde herrscht, wenn es sich noch untrenn-
bar verbunden weiß mit der Nahrungsquelle
(Mutterbrust). Der Depressive trauert im
Grunde diesem Zustand bzw. dem dazuge-
hörigen Gefühl nach. Die möglichen Ersatzbefriedigungen, zu denen der „Oralfixierte"
Zuflucht nimmt, sind unschwer zu erkennen: es werden Formen gierigen Einverlei-
bens sein, Genüsse, die wie in der oralen
Phase über die Mundzone vermittelt
werden.
Die Symptome des *Zwangsneurotikers* sind
meistens keine Ersatzbefriedigungen, sondern Reaktionsbildungen gegen den Trieb:
z. B. Perfektionssucht, Pedanterie, Sauber-
keitszwang. Damit versucht er der vom

Über-Ich sanktionierten analen Triebbefriedigung vorzubeugen. Trotzdem genießt er die „Rückerinnerung" an die anale Phase, hatte er doch dort durch die Kontrolle des Ausscheidungsvorganges ein Mittel zur Auflehnung gegen die Eltern. Neben übertriebenem Besitzstreben („man besitzt das Ausgeschiedene") ist deshalb oft Herrschsucht ein Charaktermerkmal des an die Analität fixierten Menschen.

Wegen des gedrängten Stoffes in unserem Freud-Kursus müssen wir hier exemplarisch verfahren und können nur die zentralen, für die spätere Literaturinterpretation wichtigen Regressionen erläutern. Es wäre für die Schüler allerdings eine gute Übung, wenn sie versuchen würden, die restlichen Krankheitsformen in einer kurzen Erläuterung dem jeweiligen Triebstadium zuzuordnen.

9. Stunde:
Die Anwendung auf die Literatur

Die psychoanalytische Methode hat auf dem Felde der Literatur versucht, zu zwei Problemstellungen Klärendes zu sagen: einmal zu der Frage, wie ein Werk entsteht; zum andern, wie das Konfliktschema, das in einem Werk vorfindbar ist, interpretierbar ist. Beide Fragestellungen hängen indirekt zusammen. Wenn die Psychoanalyse davon ausgeht, daß in jedem Werk eine latente Aussage steckt, in der das verdrängte Triebleben seines Schöpfers sich Ausdruck verschafft hat, ist es eigentlich logisch, die im Werk anzutreffenden Personen, ihre Konflikte und Handlungen als symbolische Abbilder eben dieses verdrängten Seelenbezirkes zu interpretieren. Freud hat zu beiden Erkenntniszielen der psychoanalytischen Literaturbetrachtung selbst Stellung genommen. Zum ersten – biographischen Aspekt – in der Schrift „Der Dichter und das Phantasieren"[1] und zum zweiten Aspekt in konkre-

ten Werkanalysen (z. B. zu Sophokles' „König Ödipus" und zum „Hamlet") in seiner „Traumdeutung"[2].

In der letzten Stunde unserer Einführung in die Freudsche Methode der Psychoanalyse soll der Text „Der Dichter und das Phantasieren" im Zentrum stehen, weil er in grundsätzlich-programmatischer Weise den Schlüsselgedanken der psychoanalytischen Annäherung an Literatur formuliert. (Diesen Text können wir aufgrund seiner Länge nicht hier ins Stundenblätterheft abdrucken.)

Als zweiten Text wählen wir einen Aufsatz von Alfred Bergmann, einem Adlerschüler (Alfred Bergmann, Schriftstellerische Arbeit und Therapie: Die Entdeckung des Charakters[3]). Bergmann wendet den Kernsatz der Adlerschen Theorie „Menschsein heißt, ein Minderwertigkeitsgefühl zu besitzen, das ständig nach seiner Überwindung drängt"[4] auf den Schaffensprozeß des Dichters an und kommt so zu anderen Schlußfolgerungen als Freud. Es kann eine reizvolle Angelegenheit werden, zwei Ansätze zu Literaturinterpretation, die beide den Anspruch der Psychoanalyse für sich reklamieren, miteinander zu vergleichen. Den Schülern kann hierdurch gezeigt werden, daß es sich bei der Psychoanalyse keinesfalls um einen monolithischen Theoriekomplex handelt, wie es bei unserem komprimierten Lehrgang den Anschein haben muß.

Methodisch bietet sich für diese Stunde das Schülerreferat an. Wir geben zwei Schülern

---

1 Sigmund Freud, Der Dichter und das Phantasieren. In: Freud, Studienausgabe, Bd. X: Bildende Kunst und Literatur, Frankfurt/M. 1969, S. 169 ff.

2 Sigmund Freud, Die Traumdeutung, Frankfurt/M. 1977

3 Alfred Bergmann, Schriftstellerische Arbeit und Therapie: Die Entdeckung des Charakters. In: „Miteinander leben lernen" (Zeitschrift für Tiefenpsychologie, Gruppendynamik und Gruppentherapie, Heft 5/1978, Berlin 1978

4 Alfred Adler, Der Sinn des Lebens. Frankfurt/M. 1973, S. 55

frühzeitig die beiden Texte mit dem Auftrag, sie in der 9. Stunde zum Abschluß unseres Theorie-Kurses zu referieren. Zur Hilfestellung geben wir ihnen Leitfragen an die Hand, die sie auf die Kerngedanken lenken sollen (s. Leitfragenkatalog).

In der *zweiten Phase* der Stunde schälen wir aus den Schülervorträgen den Argumentationsgang der beiden Autoren heraus. Erfahrungsgemäß werden die Schülerreferate eher summarisch als prägnant die Inhalte wiederzugeben versuchen. Nach der Wiedergabe des Argumentationsganges vergleichen wir im Unterrichtsgespräch die beiden Ansätze. Wir werden erkennen können, daß beide von typischen psychoanalytischen Axiomen ausgehen, nämlich von der Annahme, daß sich in den literarischen Werken das dichterische Unbewußte Bahn bricht. Bei Freud mehr als Diktat sexueller Impulse und Wunschvorstellungen, bei Bergmann eher – und dem Adlerschen Ansatz gemäß – als Ausdruck von Minderwertigkeitsgefühlen.

Wir stellen an der Tafel Unterschiede und Gemeinsamkeiten in einer Übersicht zusammen.

In der *3. Unterrichtsphase* versuchen wir die Schüler auf Punkte aufmerksam zu machen, an denen der oben skizzierte Ansatz zur Kritik herausfordert. Es ist klar, daß die Schüler hier noch keine schlüssigen Antworten auf die gestellten Fragen wissen können. Es erscheint jedoch trotzdem sinnvoll, schon hier auf die „Schwachstellen" der psychoanalytischen Literaturanalyse hinzuweisen:

– Bei einer Überbetonung des biographischen Ansatzes kommt es zu einer oft nicht stimmigen Ineinssetzung von Dichter-Ich und dem Ich der Personen im Text. Diese Identifizierung, die den Eigenwert des Textes verfälscht, kann durch sorgfältige Recherchen und genaue Textanalyse vermieden werden.

– Das ständige Suchen nach „Sexualsymbolen" im Text verkürzt oft die gedankliche Tiefe und Vielschichtigkeit der Bildsprache eines Textes. Ein solches Verfahren vulgarisiert die psychoanalytische Theorie und mindert ihren Erkenntniswert.

– Das frühzeitige Spekulieren auf psychoanalytisch verwertbare „Stellen" im Text verhindert oft ein immanentes Textverständnis, das jedoch unbedingte Voraussetzung für eine fundierte tiefenpsychologische Deutung ist. Instrument dieses Textverständnisses ist die werkimmanente Interpretationsmethode.

– Bei politischen, sozialen, didaktisch-kalkulierten Texten ist der Erkenntniswert der Methode sehr gering, ein Verzicht deshalb einer Anwendung vorzuziehen.

Nur so läßt sich vermeiden, daß die Schüler der Faszination dieser neuartigen Methode erliegen und sie für „allein seelig machend" halten. Um den Schülern die Kritik plausibel zu machen, muß der Lehrer hier auf Beispiele aus der Literatur zurückgreifen, die die Schüler kennen, und bei der ein psychoanalytischer Ansatz problematisch erscheint (politische Lyrik, Stücke von Brechts Dokumentarliteratur).

Zum *Schluß* der Stunde fragen wir, in welcher Weise die psychoanalytische Methode mit den im Werk vorzufindenden Personen umgeht, wie sie das Konfliktschema eines Werkes deutet, wie sie das Zusammenwirken der Personen interpretiert.

Wenn die Psychoanalyse davon ausgeht, daß kindliche Erlebnisse eine prägende Funktion für die Individualentwicklung bis hin zum Erwachsenenalter haben, ist es naheliegend, daß wir die Phantasieprodukte des Erwachsenen (des Dichters) auf Spuren aus der frühkindlichen Zeit untersuchen. In der 3. und 4. Stunde unseres Freud-Kurses haben die Schüler gelernt, daß diese emotionalen Prägungen vor allem die Einstellung des Kindes zu seinen erogenen Zonen und der daraus zu gewinnenden Lust bzw. der von der Umwelt erzwungenen Unlust betreffen. In der ödipalen Phase rückt dann das personale Bezugssystem in den Mittelpunkt. Wir werden also in den *Charakteren der Personen* nach Spuren normaler oder krankhafter Bewältigung der kindlichen Entwicklungsstadien suchen; in den *Personenkonstellationen* suchen wir Abbilder des ödipalen Konfliktes und dessen Bewältigung.

Alfred Bergmann:
Schriftstellerische Arbeit und Therapie: Die Entdeckung des Charakters

Es gibt eine weitverbreitete Meinung, daß die literarisch-künstlerische Arbeit sich in einem Zustand wahnhafter Ekstase, auch Schaffensrausch genannt, abspiele, und daß man dem Künstler die Quellen seiner Inspiration austrockne, indem man, etwa durch eine Therapie, seinen geheimnisvollen Wahn zu erhellen oder zu heilen sucht.

Neurose und Kunst
Äußerungen bedeutender Autoren scheinen diese Meinung durchaus zu bestätigen. Von Rilke wissen wir, daß eine Analyse durch Freud aus dem genannten Grunde nicht zustande kam. Flaubert raunt von einer „ewig schmerzenden Wunde, deren Ursprung niemand kennt",[1] als Quelle seiner Arbeit, und Genet schrieb sechs Jahre nichts mehr, nachdem er sich von Sartre in dessen Buch „Saint Genet" analysiert und durchschaut fand. Diese Beispiele scheinen darauf hinzuweisen, daß bei manchen Schriftstellern tatsächlich die Neurose als eine Voraussetzung für ihre Arbeit angesehen werden kann. Der Versuch, diese zu heilen, hätte möglicherweise zu einer Beendigung ihres Schaffens geführt.

Wahrscheinlich hängt sehr viel davon ab, wie stark das Schreiben einem Schriftsteller zur Kompensation gerät. Wenn es nur oder überwiegend diesen Charakter hat, wird bei zunehmender Heilung durch Therapie das Bedürfnis zu kompensieren verschwinden, und mit ihm wahrscheinlich der Wunsch zu schreiben.

Schreiben als Kompensation
Diese Feststellung führt zu der Annahme, daß der Begriff der Kompensation zur Erhellung kreativer Prozesse von großer Wichtigkeit sein könnte.

Kompensation ist nach Adler ein Vorgang zur Überwindung von Minderwertigkeitsgefühlen. In Anlehnung an Sartre möchte ich Kompensation verstehen als einen psychischen Vorgang, der auf ein unausgeglichenes Verhältnis zwischen Subjekt- und Objektgefühl hinweist.

Wenn ein Mensch auf die Welt kommt, ist er ein Objekt unter anderen Objekten: hilflos, willenlos, bewußtlos, ichlos, passiv; er kann nur hinnehmen, was ihm an Pflege und Zuwendung von anderen gegeben wird. Nur durch die von anderen gespendete Pflege, Aufmerksamkeit und Liebe entsteht in ihm eine erste Ahnung davon, daß er mehr ist als nur ein Ding. Indem er sich als einer empfinden lernt, der anders als die ihn umgebenden Gegenstände behandelt wird und der, anders als diese, darauf reagieren kann, entwickelt sich sein Subjektgefühl, sein Selbstbewußtsein, sein Ich. Je mehr ein Kind erwartet, angesprochen, geliebt wird, desto mehr wird es sich von der Welt der Dinge unterschieden fühlen, desto stärker wird sein Subjektgefühl sich herausbilden, desto eher wird es „Ich" sagen und aktiv in die Welt eingreifen können. Bleibt diese Entwicklung aus, werden Objektgefühle, Passivität, Hilflosigkeit, Minderwertigkeitskomplexe mit den bekannten Formen der Kompensation sich herausbilden.

Damit ein Mensch wachsen, erwachsen werden kann, müssen Subjektgefühl und der Wille und die Fähigkeit, „Ich" zu sagen, im Kind angelegt und gestärkt werden. Das Leben eines Menschen, bei dem dies versäumt wurde, wird bestimmt sein von nachträglichen und häufig kompensatorischen Versuchen, dieses nachzuholen.

Dazu gehört auch die literarisch-künstlerische Arbeit. Wie das zu verstehen ist, möchte ich im folgenden, von meiner eigenen Entwicklung ausgehend, zu zeigen versuchen.

Autobiographische Voraussetzungen

Ich bin im Kriegsjahr 1940 in eine ungeordnete, bedrohte, vaterlose Welt gekommen, für meine Mutter vermutlich eher eine Belastung als ein Anlaß zur Freude. Später kamen wir, Folgen der Kriegsereignisse, bei verschiedenen Verwandten unter, überall nur Gast, vielleicht widerwillig geduldet; die Lebensmittel waren knapp, man hatte selber kaum genug.

Es gehörte zur Überlebenstaktik, unauffällig am Rande zu bleiben, nie ganz dazuzugehören, schon gar nicht im Mittelpunkt zu stehen. Gute Bedingungen zur Entwicklung eines geschärften Beobachtungsvermögens; es war lebenswichtig, die Stimmung derer, von denen ich abhängig war, herauszufinden, mich in sie hineinzuversetzen, um zu erraten, was sie bewegte. Alles wurde noch verstärkt durch eine ängstliche, zu Vorsicht und Anpassung mahnende Mutter. In dieser Atmosphäre bildeten sich bei mir eher passive Charakterzüge heraus, die sich in Tagträumen äußerten und gelegentlich durch irrationale Handlungen (plötzlich aufflackernde Aggressionen gegen andere) durchbrochen wurden. Hinzu kam ein ständig auf der Lauer liegender Beobachtungs- und Identifikationszwang, der sich, kaum hatte ich lesen gelernt, als „Lesewut" getarnt, auf Geschriebenes richtete: als Elfjähriger wurde ich so in die dramatischen Schicksale der Helden von Tolstois „Krieg und Frieden" verwickelt, ich litt mit Anna Karenina, starb mit Winnetou und siegte mit Old Shatterhand.

Andere Folgen wurden mir erst später in der Therapie bewußt: eine starke Scheu, im Mittelpunkt zu stehen und die Unfähigkeit, von mir als „Ich" zu sprechen.

Sobald ich versuchte, etwas über mich zu erfahren, also mich analytisch zu betrachten, wurde ich mir undeutlich, die Konturen verschwammen, wurden vage, nebulös. Tagebucheintragungen formulierte ich stets in der 3. Person. Nicht einmal in diesem privatesten aller Bereiche konnte ich „Ich" zu mir sagen. Wie ich mich in der frühen Kindheit überwiegend in den Reaktionen meiner Bezugspersonen wahrnehmen konnte, mußte ich mich, um über mich zu schreiben, in eine 3. Person hinein entfremden.

Sicher kann man davon ausgehen, daß diese Haltung tendenziell bei jedem Menschen vorhanden ist; nur: wer in der Kindheit ein starkes Subjektgefühl herausbilden konnte, wird es einfacher haben, sein Ich zu akzeptieren und zu erkennen. Und das wiederum hängt wohl damit zusammen, wie sehr ein Kind von der Mutter geliebt, bestätigt und ermuntert wurde. Fehlt einem Menschen diese Erfahrung, wird sein Leben von dem Versuch bestimmt sein, den undeutlich gespürten Mangel auszugleichen durch die Bemühungen, sich die Zuneigung der anderen zu verschaffen. Der Grundzug vieler masochistischpassiver Menschen wird so zu erklären sein. Sie wollen geliebt und anerkannt werden und versuchen dieses durch Unterordnung und Gefallenwollen zu erreichen.

Ein anderer Weg zu diesem Ziel ist die künstlerisch-literarische Arbeit.

Schreiben und Selbsterkenntnis

Diese Arbeit ist jedoch zusätzlich von einer fast wütenden Sucht nach Selbsterkenntnis begleitet.

Der Schriftsteller spürt den Mangel, „die Wunde", die ihm Anlaß zum Schreiben wird, und fasziniert legt er immer wieder den Finger auf die schmerzende Stelle. Er spürt sein Ich hauptsächlich durch den Schmerz, den es ihm verursacht. Da er, wie viele, als Kind nur schlecht geliebt wurde, also nur ein fragmentarisches Ich besitzt, das von Nebeln und Dunkelheiten umgeben ist (er scheut die Erkenntnis, da er sich sonst seinen Mangel eingestehen müßte), ist er gezwungen, Figuren zu erfinden, in die er sich entäußern und die er, statt seiner, der Beschreibung und Analyse aussetzen kann: „Die Fiktion erlaubt ihm zu sagen, was er fühlt", schreibt Sartre über Flaubert[2]. Teils sind diese fiktiven Figuren die Objekte seiner Analyse, teils seiner Wünsche und Projektionen. Erbarmungslos kann er in ihnen aufdecken, was er an sich nicht erkennen mag, und grenzenlos kann er sich in ihnen verlieren, seine Sehnsüchte in sie projizieren, weil sie ja nicht er sind. Weder vor sich noch vor anderen muß er sich verantworten für das, was er seine Figuren tun und sagen läßt. Er kann sie, scheinbar ohne Folgen, zu Heiligen oder zu Verbrechern werden lassen.

So schafft er sich einen seltsamen Zustand aus Lüge und Wahrheitsfanatismus. Insgesamt ist er unaufrichtig, verdeckt es aber häufig durch den Versuch, zu einem „realistischen" Stil zu finden. Sein „Realismus" aber entspringt kaum der Liebe zur Wahrheit, sondern eher dem Bemühen, diese zu verschleiern. Wenn man ihm an den Kragen will, hält er seine Figuren, seine Beschreibung der Welt vor sich wie ein Schild: Seht her, wie genau ich beschreibe, wie realistisch! Ich, ein Lügner, ein Täuscher?!

Realismus und Unaufrichtigkeit

Seine Genauigkeit im Beobachten und Beschreiben, sein „Realismus", sind ein Trick, mit dem er seinen Mangel an Ich-Gefühl und Ich-Erkenntnis verdeckt. Je größer das Mangelgefühl, desto hingebungsvoller der Versuch, sich der „Wirklichkeit" schreibend zu bemächtigen.

Und damit beginnt sein Dilemma. Wenn er auch Figuren erfindet, um sich in ihnen zu beschreiben, muß er doch deren äußere Vorbilder sehr genau beobachten; und ist auch sein Blick auf diese mondwandlerisch, kann er sich doch der Erkenntnis nicht verschließen, daß manche dieser Vorbilder besitzen, was ihm zu fehlen scheint: ein Ich.

Nach und nach wird ihm klar, daß er schwindelt. Unbehagen und Scham über das eigene Werk setzen ein. Er spürt, daß etwas Wesentliches fehlt, daß es halbherzig ist: er selbst kommt darin nur verkleidet vor. Das wäre nicht einmal schlimm. Aber seine eigene Unaufrichtigkeit spiegelt sich in den Figuren: auch ihnen fehlt ein Ich, sie kleben klischeehaft an den Vorlagen aus der „Wirklichkeit", mag der Autor auch noch so überzeugend beteuern, alles sei „wie im Leben". Sein Anspruch, die Wirklichkeit zu beschreiben, zwingt ihm ständig die Frage auf, was denn die Wirklichkeit sei. Und wenn er die Antwort auf das von ihm entworfene Modell (seine Arbeit) anwendet, erkennt er irgendwann dessen fragmentarischen Charakter, und seine Aufmerksamkeit wendet sich dem fehlenden Rest zu: das ist er selbst, sein Ich.

Der Zusammenhang zwischen Selbsterkenntnis und Menschen- bzw. Weltkenntnis wird ihm bewußt. Will er die Menschen und die Welt, in der sie leben, beschreiben, kann er nicht umhin, sich selbst kennenzulernen.

Und da hilft ihm kein Trick mehr und keine Ausflucht; er muß seine Waffen, Kompensation und Projektion, strecken und das Visier öffnen.

Einfluß und Therapie

Es ist nicht einzusehen, weshalb er die Arbeit, die nun auf ihn zukommt, wie bisher allein, also ohne Hilfe eines Therapeuten oder einer therapeutischen Gruppe auf sich nehmen soll. Jede Zeit hat vermutlich ihre besonderen Methoden der Bildung und Selbstfindung. Die Schulen und Universitäten, die besondere Einstellung zu Wissenschaften und Künsten konnten in der Vergangenheit bei privilegierten Menschen solche Prozesse sicher auch ohne Therapie in Gang setzen. Heute ist das kaum noch wahrscheinlich, so daß sich neue Formen der Menschenbildung entwickelt haben, unter denen die Psychoanalyse und -therapie einen hervorragenden Platz einnehmen. Welchen Einfluß hat nun eine Therapie auf die Arbeit eines Schriftstellers, speziell eines Schriftstellers von der oben beschriebenen Sorte, noch spezieller: auf meine Arbeit?

Allgemein kann man sagen, daß durch eine Therapie ein schlechter nicht zu einem guten Schriftsteller wird. Die hierzu nötige Entwicklung reicht in eine Zeit, die auch die beste Therapie nicht nachträglich umstrukturieren kann. Es könnte dagegen sehr wohl passieren, daß ein guter Schriftsteller durch eine gute Therapie zu einem noch besseren wird, während der schlechte durch die Erkenntnis seiner mangelnden Qualität (Zuwachs an Realitätserkenntnis) das Schreiben aufgibt und sich einer Tätigkeit zuwendet, in der er mehr und für ihn und die anderen Zufriedenstellenderes leistet. Welche dieser Alternativen für mich bereitsteht, kann ich noch nicht entscheiden. Ich finde es schwer, eine Selbsteinschätzung ohne Eitelkeit zu treffen.

Im Verlauf meiner Therapie habe ich häufig Zweifel am Sinn und an der Qualität meiner schriftstellerischen Arbeit gehabt, auch Gedanken, diese ganz aufzugeben. Das vermehrte, mir in der Gruppenarbeit zugekommene Wissen von der Kompliziertheit der Menschen und ihrer Beziehungen ließen mir nicht selten meine Versuche, diese zu beschreiben, als platt und ungenügend erscheinen.

Eine nur der äußeren Wirklichkeit verpflichtete Beschreibung empfinde ich heute als klischeehaft-erstarrt, ohne Freiheit. Ähnlich erscheint mir aber auch eine nur am Ich orientierte Schreibweise, denn sie produziert Nebel, da ja das Ich erst Konturen gewinnt in der Begrenzung durch Dinge und andere „Iche".

In der Therapie habe ich den Charakter entdeckt, meinen eigenen und den Charakter allgemein, als Begriff. Und das scheint mir, auch und besonders für meine Arbeit, eine Neuorientierung zu bedeuten.

Adler beschreibt den Charakter als „. . . die seelische Stellungnahme, die Art und Weise, wie ein Mensch seiner Umwelt gegenübersteht"[3].

Davon ausgehend möchte ich den Charakter verstehen als einen psychischen Organismus, der die Eindrücke der Umwelt aufnimmt, Erfahrungen speichert und nach einem individuellen Muster strukturiert und dadurch die menschlichen Handlungsweisen bestimmt. Oder anders ausgedrückt: Der Charakter ist der Ort, an dem sich Ich und Umwelt durchdringen und sich zu einer dialektischen Einheit vereinigen, in der jeweils ein Teil nur durch den anderen möglich wird. Diese Auffassung bedeutet für einen, der schreibend die Realität erforschen und benennen will, eine Umorientierung: Realität ist weder „die Welt draußen" noch das „Ich" des Autors, sondern der Ort der Durchdringung beider: der Charakter.

Für mich ist somit die Erforschung des Charakters im allgemeinen und meines Charakters im besonderen zu einer der wichtigsten und lohnendsten Aufgaben geworden.

Die Umsetzung neuer Erkenntnisse in literarische Formen bringt Schwierigkeiten, die für mich noch nicht abzusehen sind, aber das bisherige gemütliche Waten im trüben Uferwasser erscheint mir heute Zeitvergeudung, wenn ich lernen kann, im klaren Fluß zu schwimmen.

Literatur:

1 Jean Paul Sartre, Der Idiot der Familie, Bd. 1 Gustave Flaubert 1821–1857, Reinbek 1977, S. 3
2 Sartre (1977), S. 197
3 Alfred Adler, Menschenkenntnis, Frankfurt a. M. 1966, S. 146

Miteinander leben lernen. Zeitschrift für Tiefenpsychologie, Gruppendynamik und Gruppentherapie, Heft 5/1978, Verlag für Tiefenpsychologie, Berlin 1978

Umgang mit der psychoanalytischen Methode/ Exemplarische Analysen

Versuche über den Vater

Kafka, Das Urteil

Didaktische Vorbemerkungen

In dieser Unterrichtseinheit sollen die Schüler zum ersten Mal eine zusammenhängende psychoanalytische Interpretation eines Textes versuchen und dabei das bei der theoretischen Lektüre erworbene Wissen gezielt anwenden. Erfahrungsgemäß gelingt den Schülern der doch recht große Sprung von einem theoretisch dargestellten Sachverhalt zu einem literarischen Anwendungsbeispiel nicht so ohne weiteres. Dies ist auch gar nicht verwunderlich, wenn man bedenkt, daß von den Schülern hier nicht nur der Transfer zwischen Theorie und praktischem Beispiel geleistet werden soll, sondern auch der zwischen zwei Fachwissenschaften. Man kann also davon ausgehen, daß zumindest in den ersten Phasen der literarischen Interpretationen die lenkende Hand des Lehrers stärker vonnöten sein wird, daß Impulse und Leitfragen für die Textarbeit von ihm in die Lerngruppe eingebracht werden müssen. Erst im späteren Verlauf der Einheit ist denkbar, daß die fragend-entwickelnde Methode, die wegen ihrer Lehrerzentrierung nicht überall beliebt ist, durch offenere Sozialformen, die den Schüleraktivitäten mehr Raum geben, ergänzt werden kann. Für die Phasen der Problemlösung, die sich jeweils an die konkrete Textarbeit anschließen, wird der geschickte Lehrer immer eine freie Schülerinteraktion fördern, weil nur durch sie die Vielzahl fruchtbarer Lösungsansätze zustande kommt, die der Sache angemessen ist. Im übrigen soll die anfänglich etwas stärkere Strukturierung durch den Lehrer bei den Schülern eine gewisse Systematik des Vorgehens einüben, die den Umgang mit unterschiedlich gearteten Texten erleichtern kann.

Obwohl einigen Schülern bei der Lektüre der Erzählung „Das Urteil" sofort auffallen wird, daß die Geschichte auf einer Vater-Sohn-Problematik basiert, empfiehlt es sich trotzdem, dieser „Spur" anfangs nicht sofort nachzugehen. Wir besitzen gerade bei dieser Erzählung eine gute Möglichkeit, im Kontrastverfahren die Leistungen der unterschiedlichen Interpretationsmethoden den Schülern vor Augen zu führen. Bei der Analyse dieser Erzählung läßt sich gut zeigen, daß die psychoanalytische Methode der Literaturbetrachtung – so beschränkt auch ihr theoretischer Blickwinkel ist – bei manchen Texten von überraschend hohem Erkenntniswert ist.

10. Stunde:
Die „Schuld" Georgs und unser „absurdes" Dasein / Vater-Sohn-Konflikt und ödipale Konfliktsituation

Wir machen die Schüler zu Beginn der ersten Stunde dieser Sequenz mit konventionellen Kafkadeutungen (zu dieser Erzählung) bekannt. Hier begegnet man in der Regel zwei Varianten: *Einmal* der typischen (existenzialistischen) Kafkadeutung. Dieser Deutung zufolge verweist das widersinnige, maßlos überzogene Verhalten des Vaters auf unser absurdes, keinem Sinn zugängliches

Dasein, dem wir – gleich Georg – ausgeliefert sind. Die *zweite* Variante macht sich an der Begründung fest, die der Vater für sein Urteil gibt, und schlußfolgert, das Ende sei eine – wenn auch überzogene – Strafe für Georgs Schuld, für seine lieblose Egozentrik.

Zitat 1:

„Das Urteilsgericht des Vaters an dem Sohn wird zum Gericht einer absurden Zeit, in der die Menschen so herzenskalt geworden sind, daß sie gar nicht mehr spüren, wie sehr sie selber im Teufelskreis des Absurden stehen, der jeden spaltet und vernichtet."

Quelle: Hermann Pongs: Franz Kafka, der Dichter des Labyrinths, Heidelberg 1960, S. 53

Zitat 2:

„Die Vatergestalt ist dem Sohn inkommensurabel. Daher erliegt Georg nur immer neuen Selbsttäuschungen, wenn er sich des Vaters zu entledigen gedenkt, etwa wenn er ihn zu Bett bringt. Der Vater ist kraftvoller, als er zu sein scheint (. . .). Die Schuld Georgs liegt in seiner Blindheit als Folge seines Egoismus."

Quelle: Egon Ecker, Franz Kafka, Das Urteil u. a., Interpretationen und didaktische Hinweise, Hollfeld 1976, S. 37

Den beiden Interpretationsansätzen ist gemeinsam, daß sie die Sinnfrage zum Dreh- und Angelpunkt ihrer Deutung machen. Sie bleiben so mehr oder weniger der Oberfläche dieser Erzählung verhaftet, sie messen die Vorgänge in ihr mit der Elle der Ratio, des unmittelbar Einsichtigen.

Den beiden Ansätzen soll hier nicht grundsätzlich widersprochen werden; es sollte jedoch veranschaulicht werden, daß viele Textstellen seltsam unbedeutend, wie Beiwerk wirken, daß eine brillante, stimmige Gesamtinterpretation nicht so richtig gelingen will. Dies werden die Schüler selbstverständlich erst nachvollziehen können, wenn sie die Ergebnisse des psychoanalytischen Ansatzes kennen und die Schlüssigkeit aller Methoden einer Prüfung unterziehen können.

Die eigentliche Interpretationsarbeit beginnt mit der Überlegung, welchen *Ausgangspunkt* die *psychoanalytische Methode* im Unterschied zu den herkömmlichen Methoden nimmt. Psychoanalyse ist Individualpsychologie, hat als Untersuchungsgegenstand den einzelnen Menschen; sie weitet von hier aus den Blick auf Menschengruppen oder auf psychologische Massenphänomene. Letzten Endes führt die Psychoanalyse Verhaltensweisen gegenüber anderen Menschen, gegenüber dem anderen Geschlecht und Verhaltensstörungen auf frühkindliche Prägungen zurück. Das entscheidende Untersuchungsfeld ist also die Ontogenese im familiären Raum. Ziel dieses Einstieges ist es, den Blick der Schüler auf die Personen der Erzählung zu lenken, ihre Interdependenzen und Konfliktgruppen zu untersuchen.

Im *gelenkten Unterrichtsgespräch* soll anhand dreier Leitfragen die Personenkonstellation erarbeitet und es sollen Charakteristiken der drei zentralen Figuren (Vater, Georg, Freund) erstellt werden. Ziel dieser Phase ist ein Tafelbild mit den wichtigsten Merkmalen der Personen und den interpersonalen Konflikten (Tafelbild s. Stundenblatt). Es empfiehlt sich, das Tafelbild mit seinen drei Polen sehr übersichtlich anzulegen, um den Schülern bei den sich anschließenden Deutungsschritten visuell behilflich zu sein. Man sollte sich überhaupt mit durchsichtigen Strukturskizzen die eidetische Begabung vieler Schüler zunutze machen.

Die Personenkonstellation macht den Schülern keine großen Schwierigkeiten: Vater, Sohn, Freund als herausragende, im Vordergrund des Geschehens stehende Personen; dazu noch Mutter und Verlobte, die jedoch nur erwähnt, kaum beschrieben werden. Der Freund spielt zwar eine wichtige Rolle, tritt jedoch nicht als handelnde Person innerhalb des Geschehens auf. Im Mittelpunkt unserer Überlegungen steht naturgemäß das Verhältnis des Sohnes zum Vater, also ein von der Psychoanalyse als sehr zentral angesehener Konflikt. Die Person des Freundes ist einer psychoanalytischen Erklärung nicht so ohne weiteres zugänglich; obwohl der „Freund" der Schlüssel für die Deutung ist, empfiehlt es sich trotzdem, zuerst das Verhältnis Vater-Sohn zu entfalten. Im Übersichtsschema wird die Figur des Freundes zwar festgehalten, die Deutung ihrer Funktion jedoch noch „vertagt".

Nach der Auflistung der Personenmerkmale sollte eine freie Diskussionsphase eingeschaltet werden, in der die Phantasie der Schüler herausgefordert werden sollte. Sie sollen Vermutungen anstellen, in welche Richtung die psychoanalytische Deutung gehen könnte. Eine solche Erforschungshaltung regelrecht auszubilden, hat sich sehr bewährt. Sie entspricht dem Vorgehen des Analytikers selbst und verhindert vorschnelle, dogmatische Schlußfolgerungen oder deduktive Setzungen. Bei dieser fast noch modellhaft einfachen Erzählung wird vermutlich sofort der „Verdacht" geäußert, daß der Hintergrund der Erzählung ein gestörtes Vater-Sohn-Verhältnis sei, mithin ein ödipaler Konflikt. Hier empfiehlt es sich, die Schüler kurz den Inhalt des von Freud so genannten psychologischen Grundkonfliktes rekapitulieren zu lassen.

Die Vermutung des ödipalen Konfliktes wird von den Schülern als Arbeitshypothese für den Fortgang der Deutung in der nächsten Stunde festgehalten.

11. Stunde:
Rivalität, Schuldgefühle, Unterwerfung/Reaktionen Georgs auf den dominanten Vater/ Ambivalenz

Im *ersten Deutungsschritt* sollen die Schüler, nachdem der Lehrer die heuristische Annahme der letzten Stunde bestätigt hat, den Nachweis für ihre Hypothese am Text erbringen. Sie sollen Textstellen finden, die Licht in die ödipale Verstrickung Georgs bringen können. Dazu sollen die Untersuchungsfragen dienen, die der Lehrer auf einem Arbeitsbogen vorbereitet hat (s. Stundenblatt, 11. Stunde). Als Sozialform bietet sich hier eine Stillarbeitsphase an, in der die Schüler einzeln oder arbeitsteilig in Gruppen den Text anhand dieser Fragen durcharbeiten. Der Lehrer bereitet unterdessen den Tafel- oder Folienanschrieb vor, der dem Aufbau des ausgeteilten Arbeitsbogens entsprechen sollte. Falls der Lehrer sich für Gruppenarbeit entscheidet, sollte er bedenken, daß diese Sozialform – auch wenn sie arbeitsteilig angelegt ist – keine Unterrichtszeit erspart. Erfahrungsgemäß liegt der Hauptwert dieser Methode im Austausch der einzelnen Gruppenmitglieder, also im gruppendynamischen Bereich. Erst wenn sich die Gruppen auf Grund längerer gemeinsamer Arbeit gut kennen, läßt sich mit dieser Sozialform straffer und textorientierter arbeiten. Bei den hier intendierten Aufgaben ist es ohne weiteres möglich, die Zeit zu dehnen und eine weitere Stunde für die Textarbeit anzuhängen. Wenn der Lehrer bei der Gruppenarbeit nicht hetzt, werden es ihm die Schüler durch gute Ergebnisse und längerfristig durch eingespielte, arbeitsfreudige Gruppen danken. Durch seine Mitarbeit in den Gruppen sollte der Lehrer Anstöße für die Textarbeit geben, z.B. auf gute „Fundstellen" im Text verweisen. Er sollte aber auch darauf bestehen, daß die

Schüler möglichst eng am Text arbeiten. Die Schüler sollen von Anfang an lernen, daß die genaue Kenntnis des Textes das A und O jeder Interpretationsmethode ist, daß man sich jedoch gerade bei der psychoanalytischen Methode davor hüten muß, vorschnell ins Spekulieren zu geraten. Der Vorwurf der haltlosen und beliebigen Spekulation ist nämlich der gegenüber diesem Verfahren verbreitetste. Also: genaue Lektüre des Primärtextes!

Ziel dieser Phase ist die Auflistung der gefundenen Textstellen an der Tafel. Die Schüler ergänzen oder korrigieren ihre Aufzeichnungen auf dem Arbeitsbogen. Der Lehrer sollte darauf achten, daß die stichwortartigen Benennungen schon ansatzweise in psychoanalytische Begriffe „übersetzt" werden, z. B. statt „sah zu ihm auf" – Unterwerfungshaltung. Dies erleichtert die anschließende Systematisierung nach den drei Bereichen der Vorwürfe (Machtanspruch des Vaters/Sexualität und Ehe/Freund).

Im anschließenden freien Unterrichtsgespräch werden die Reaktionsweisen Georgs, die an der Tafel aufgelistet sind, qualifiziert. Die einander entgegengesetzten Verhaltensweisen „trotzige Behauptung" und „Unterwerfung" verweisen auf eine ambivalente Charakterstruktur Georgs, die sich zwischen den beiden Polen „Rivalität" und „Schuldgefühle" bewegt. Die Benennung dieser Begriffe bildet den Abschluß der zweiten Stunde.

12./13. Stunde:
Psychoanalytisches Konfliktmodell/Der „Freund" als Über-Ich/Junggesellenideal und Sexualhemmung

Im *zweiten Deutungsschritt* fällt uns die Aufgabe zu, die in der letzten Stunde gewonnenen Anhaltspunkte zu bewerten, sie in Zusammenhang miteinander zu bringen und sie mit der theoretischen Freud-Lektüre zu verbinden. Dazu dient ein Schema an der Tafel, das die Konfliktsituation der Hauptpersonen veranschaulicht. Es ist genauso angelegt wie das Tafelbild 1 in der ersten Stunde. Die höhere Stufe der Interpretation wird dadurch deutlich, daß die Charaktereigenschaften der Personen in Tafelbild 1 jetzt „übersetzt" werden müssen in psychoanalytische Merkmale. Wenn der Lehrer die Schüler an die Beschreibung der ödipalen Situation durch Freud erinnert, wird ihnen die Erstellung des Konfliktmodells nicht schwer fallen. Die geeignetste Methode ist hierbei das gelenkte Unterrichtsgespräch.

Der Vater wird von Georg – trotz seines fortgeschrittenen Alters und seiner offensichtlichen Hinfälligkeit – als äußerst dominant, als überstarker Vater erlebt, während der Sohn in der Erzählung als schwächlich, rückzugsbereit, ichschwach geschildert wird. Die Mutter – die dritte im ödipalen Dreieck – taucht lediglich als Zitat des Vaters auf. Sie ist früh gestorben und scheint keine wesentliche Rolle im Gefüge der Familie gespielt zu haben. Das ganze Konfliktpotential ist zwischen Vater und Sohn aufgehäuft. Dieser hat den Vater vermutlich nur als strafende, ihn demütigende Instanz erfahren, der er nur mit Haß begegnen konnte. Die notwendige psychische Kompensation – durch die Liebe der Mutter – blieb aus. Eine sinnvolle und für das spätere Leben wichtige Identifikation mit dem Vater (eine Integration der liebevollen und haßerfüllten Komponenten) ist nicht zustande gekommen, weil die Übermacht des Vaters beim Sohn nur das Bewußtsein der eigenen Schwäche und Unterlegenheit ausbildete.

Naturgemäß fordert die Figur des Freundes, mit der wir uns im *dritten Deutungsabschnitt* befassen, die Schüler zu den wildesten Spekulationen heraus. Warum sollte es ihnen anders ergehen als den berufsmäßigen Interpreten Kafkascher Prosa? Nach den ersten spontanen Vermutungen über den Freund lenken wir durch gezielte Impulse die Denkrichtung in geordnete Bahnen. In Stillarbeit oder Gruppenarbeit soll das Verhältnis Georgs zum Freund und das des Vaters zum Freund untersucht werden. Wenn die Ergebnisse dieser Textarbeit in der Gruppe verallgemeinert worden sind, machen wir den nächsten Schritt: Wir ergänzen das zuvor entworfene psychoanalytische Konfliktmodell (Vater-Mutter-Georg-Freund), indem wir die mögliche Funktion des Freundes untersuchen. Dies wird den Schülern sicher sehr schwer fallen. Deshalb sind Impulse und Denkanstöße des Lehrers hier unerläßlich. Wir ziehen biographische Indizien für die Enträtselung des „Freundes" zu Rate. Kafka selbst hat in verschiedenen Tagebucheintragungen bzw. Briefen versucht, im nachhinein die Gestalt des Freundes zu deuten. In einem Brief an Felice Bauer, seine Verlobte, bezeichnet er den Freund als „kaum eine wirkliche Person, er ist vielmehr eher das, was dem Vater und Georg gemeinsam ist." (Brief vom 10. 6. 1913.) Der Hinweis darauf, daß der Freund keine reale Person sei, kann uns weiterbringen. Es ist ein in der Tiefenpsychologie sehr häufig auftretendes Phänomen, daß Wunschvorstellungen, Hoffnungen oder Lebenseinstellungen in die Form einer Gestalt gekleidet werden, daß sie personalisiert werden. Es handelt sich dann um Gestalt angenommene Ideen, Ideale, Normen. Um was für eine Norm handelt es sich beim Freund? Aufschluß darüber geben uns der Inhalt der Korrespondenz zwischen Georg und dem Freund und die Vorwürfe, die der Vater in bezug auf den Freund gegen Georg erhebt. Das Problem der Verlobung ist das Zentralproblem im Briefwechsel zwischen Georg und seinem Freund. Nach der belanglosen Mitteilung einer Verlobung eines anderen Paares teilt Georg dem endgültigen Junggesellen seine Verlobung und die bevorstehende Heirat mit. Zuerst wollte Georg dem

Freund diese Verlobung verschweigen, um Rücksicht auf ihn zu nehmen. Dann entschließt er sich doch zu dem Brief. Die Verlobte hat ein feines Gespür für die innere Abhängigkeit Georgs von seinem Freund. Sie meint, er hätte sich, wenn er solch einen Freund hat, gar nicht verloben sollen. Die Skrupel, die Georg bei der Mitteilung seiner Verlobung entwickelt, deuten darauf hin, daß Georg Angst hat, den Freund zu hintergehen oder zu kränken. Wenn der Freund keine Gestalt ist, sondern ein Prinzip, eine Idee, kann man das Verhalten Georgs nur als *Über-Ich-betonte Hemmung* bezeichnen. Er hat Angst, gegen das vom Freund vertretene, d. h. in Georg selbst mächtige Junggesellen-Ideal zu verstoßen. Nun ist die Keuschheit alles andere als ein durchgehendes Männerideal der Gesellschaft. Es handelt sich hier also um eine *individuelle Sexualhemmung* Georgs, die in das Gewand des Junggesellen-Ideals gekleidet worden ist, um sich so eine höhere Weihe zu geben. Der Höhepunkt der Geschichte ist nach Kafkas eigener Aussage die Stelle, wo „aus dem Gemeinsamen, dem Freund, der Vater hervorsteigt und sich als Gegensatz Georg gegenüber aufstellt" (Kafka, Tagebucheintragung vom 11. 2. 1913). Der Vater wird also im Laufe der Erzählung zum „Vertreter" des Freundes, der sexuellen Normen des eigenen Über-Ichs. Der ohnehin schon dominante Vater bemächtigt sich also noch des eigenen Ich-Ideals, um es zynisch gegen den Sohn zu wenden, der im Begriff ist, es zu hintergehen.

Diese Passage in der Deutung ist zweifellos die schwierigste. Sie muß vom Lehrer behutsam, aber deutlich gelenkt werden, da die Schüler sonst überfordert sind. Es empfiehlt sich außerdem, während der Besprechung der Rolle des Freundes die notwendigen Begriffe (Über-Ich, Ich-Ideal, Projektion, Hemmung) in dem Glossar nachschlagen zu lassen, das die Schüler während der Freud-Lektüre sich angelegt haben.

14. Stunde:
Kafkas „Brief an den Vater" / Das „Gefühl der Nichtigkeit" / Schuldgefühl und ödipale Strafphantasie

Bei Kafka haben wir das große Glück, autobiographische Zeugnisse zu besitzen, die uns Einblick in den Schaffensprozeß des Autors und auch in die Psyche des Dichters gestatten. Die Gleichsetzung des Dichters mit dem jeweiligen fiktionalen Erzähler ist zwar nicht ohne weiteres zulässig, oft sogar sehr problematisch; die Psychoanalyse geht jedoch durchgehend von dem Axiom aus, daß sich in der Literatur eines Autors sein Unbewußtes Bahn gebrochen habe, daß die geschaffene Poesie Manifestation der Seelenverfassung des Dichters sei. Selbst da, wo der Autor bewußt Distanz zum Erzählten hält und einen Erzähler einführt, der stark mit den eigenen Anschauungen kontrastiert (oder wenn der Dichter eine scheinbar neutrale oder die Perspektive ständig wechselnde, personale Erzählhaltung wählt), immer geht die Psychoanalyse von einer Verbindung der Psyche des Autors zum geschaffenen Werk aus. In solchen Fällen der erzähltechnischen Distanzierung sei dieses Verhältnis lediglich durch unbewußte Verdrängungen oder Chiffrierungen kompliziert worden. Wir haben keine Veranlassung, diesen zentralen axiomatischen Schritt der Psychoanalyse hier nicht mitzuvollziehen.

Um den Schülern diesen Deutungsschritt begreifbar zu machen, empfiehlt es sich, einige zentrale Textstellen aus dem Aufsatz von Freud „Der Dichter und das Phantasieren" von 1908 zu rekapitulieren. Es ist durchaus möglich, an dieser Stelle kritische Einwände, wie sie vor allem gegen den „biographischen Ansatz" der Psychoanalyse vorgebracht werden, zur Sprache zu bringen. Auch wenn die Schüler die volle Tragweite dieser Kritik in dieser Unterrichtsperiode noch nicht begreifen mögen, so sollte der Lehrer trotzdem die Punkte der Kritik anreißen (an einigen anderen Stellen des Kurses werden ähnliche kritische Anmerkungen zu machen sein; siehe vor allem den Teil über die Heine-Gedichte): Kann man ohne weiteres das Dichter-Ich und das Text-Ich gleichsetzen? Gehen dadurch nicht spezifische Merkmale des Kunstwerkes unter? Bei Kafka scheint dieser Ansatz noch am ehesten eine Berechtigung zu haben, weil von ihm briefliche Zeugnisse über seinen „Vaterkomplex" existieren, der in seiner Dichtung, vor allem im „Urteil" und in der „Verwandlung", so auffällig zum Ausdruck kommt. Diese Parallele zwischen autobiographischem und literarischem Vaterbild aufzuzeigen, ist die Aufgabe dieses Unterrichtsteils.

In der *ersten Phase* machen wir die Schüler mit dem Brief Kafkas an seinen Vater vertraut (s. Auszüge), in dem Kafka sehr freimütig und mit starker Emotionalität seine Ängste gegenüber dem Vater darlegt. Die Schüler analysieren den Briefauszug in stiller Einzel- oder Gruppenarbeit. Die herausgefundenen Anhaltspunkte werden nach den drei Fragestellungen geordnet (Vaterbild/ Heirat/Selbsteinschätzung), an der Tafel festgehalten und dann im freien Unterrichtsgespräch bewertet.

Die Parallelen zwischen literarischem Text und autobiographischem Zeugnis sind ins Auge fallend. Interessant ist die Deutung einzelner Passagen des Briefes, z. B. der ambivalenten Haltung Kafkas zur Heirat. Er hofft, durch die Heirat der Sphäre des übermächtigen Vaters entkommen zu können, hat jedoch gleichzeitig Angst davor, weil er fürchtet, dem Vater auf diesem Gebiet nicht gewachsen zu sein. Diese Konkurrenzangst deutet auf eine latente ödipale Rivalität hin. Hieran können die Schüler erkennen, daß der Wunsch nach Selbständigkeit durch Heirat deshalb nicht realisiert werden kann, weil es dem Jungen nicht gelungen ist, die Mannrolle in einer vernünftigen Weise

Aus: „Brief an den Vater" von Franz Kafka

... „Ich war ja schon niedergedrückt durch Deine bloße Körperlichkeit. Ich erinnere mich zum Beispiel daran, wie wir uns öfter zusammen in einer Kabine auszogen. Ich mager, schwach, schmal, Du stark, groß, breit. Schon in der Kabine kam ich mir jämmerlich vor, und zwar nicht nur vor Dir, sondern vor der ganzen Welt, denn Du warst für mich das Maß aller Dinge. Traten wir dann aber aus der Kabine vor die Leute heraus, ich an Deiner Hand, ein kleines Gerippe, unsicher, bloßfüßig auf den Planken, in Angst vor dem Wasser, unfähig Deine Schwimmbewegungen, die Du mir in guter Absicht, aber tatsächlich zu meiner tiefen Beschämung immerfort vormachtest, nachzumachen, dann war ich sehr verzweifelt, und alle meine schlimmen Erfahrungen auf allen Gebieten stimmten in solchen Augenblicken großartig zusammen." (S. 12 f.)

... „Die Heirat ist gewiß die Bürgschaft für die schärfste Selbstbefreiung und Unabhängigkeit. Ich hätte eine Familie, das Höchste, was man meiner Meinung nach erreichen kann, also auch das Höchste, das Du erreicht hast. Ich wäre Dir ebenbürtig, alle alte und ewig neue Schande und Tyrannei wäre bloß noch Geschichte. Das wäre allerdings märchenhaft, aber darin liegt eben schon das Fragwürdige. Es ist zu viel, so viel kann nicht erreicht werden." (S. 66)

... „So wie wir aber sind, ist mir das Heiraten dadurch verschlossen, daß es gerade Dein eigenstes Gebiet ist. Manchmal stelle ich mir die Erdkarte ausgespannt und Dich quer über sie hin ausgestreckt vor. Und es ist mir dann, als kämen für mein Leben nur die Gegenden in Betracht, die Du entweder nicht bedeckst oder die nicht in Deiner Reichweite liegen. Und das sind entsprechend der Vorstellung, die ich von Deiner Größe habe, nicht viele und nicht sehr trostreiche Gegenden, und besonders die Ehe ist nicht darunter." (S. 67 f.)

... „Deine Erziehungsmittel in den allerersten Jahren kann ich natürlich heute nicht unmittelbar beschreiben, ... Direkt erinnere ich mich nur an einen Vorfall aus den ersten Jahren. Du erinnerst Dich vielleicht auch daran. Ich winselte einmal in der Nacht immerfort um Wasser, gewiß nicht aus Durst, sondern wahrscheinlich teils um zu ärgern, teils um mich zu unterhalten. Nachdem einige starke Drohungen nicht geholfen hatten, nahmst Du mich aus dem Bett, trugst mich auf die Pawlatsche und ließest mich dort allein vor der geschlossenen Tür ein Weilchen im Hemd stehn. Ich will nicht sagen, daß das unrichtig war, vielleicht war damals die Nachtruhe auf andere Weise wirklich nicht zu verschaffen, ich will aber damit Deine Erziehungsmittel und ihre Wirkung auf mich charakterisieren. Ich war damals nachher wohl schon folgsam, aber ich hatte einen inneren Schaden davon. Das für mich Selbstverständliche des sinnlosen Um-Wasser-Bittens und das außerordentlich Schreckliche des Hinausgetragenwerdens konnte ich meiner Natur nach niemals in die richtige Verbindung bringen. Noch nach Jahren litt ich unter der quälenden Vorstellung, daß der riesige Mann, mein Vater, die letzte Instanz, fast ohne Grund kommen und mich in der Nacht aus dem Bett auf die Pawlatsche tragen konnte und daß ich also ein solches Nichts für ihn war.

Das war damals ein kleiner Anfang nur, aber dieses mich oft beherrschende Gefühl der Nichtigkeit (ein in anderer Hinsicht allerdings auch edles und fruchtbares Gefühl) stammt vielfach von Deinem Einfluß." (S. 10 f.)

> ... „Mich beschäftigte nur die Sorge um mich, diese aber in verschiedenster Weise.
> Etwa als Sorge um meine Gesundheit; es fing leicht an, hier und dort ergab sich eine
> kleine Befürchtung wegen der Verdauung, des Haarausfalls, einer Rückgratverkrüm-
> mung und so weiter, das steigerte sich in unzählbaren Abstufungen, ..., damit war der
> Weg zu aller Hypochondrie frei, bis dann unter der übermenschlichen Anstrengung
> des Heiraten-Wollens das Blut aus der Lunge kam, woran ja die Wohnung im
> Schönbornpalais genug Anteil haben kann." (S. 53)
>
> Franz Kafka, Brief an den Vater, Fischer TB 1629, Frankfurt/M. 1980

auszubilden, d. h. positive und für das spätere Leben wichtige Eigenschaften vom Vater zu übernehmen (= *fehlgeschlagene Identifikation*). Ursache hierfür ist wohl die überaus harte Erziehung durch den Vater, die positive Identifikationen verhinderte. Die spezielle Art, wie Kafka/Georg den Ödipuskonflikt erfahren haben muß, ist also sowohl Quelle des Wunsches nach Ferne vom Vater, als auch Ursache für die Unmöglichkeit, diese Selbständigkeit zu erlangen. Dies ist eine – wenn man so will – durchaus tragische Verstrickung. Von hier aus wird auch das Ende der Erzählung mit dem zwanghaften Vollzug der „Hinrichtung" durch Georg plausibel.

Eine Stelle im „Brief an den Vater" liefert noch einen weiteren Mosaikstein in der psychischen Diagnose Kafkas/Georgs. Kafka sieht den Vater im Brief als eine über die Erdkarte ausgespannte Gestalt, die mit ihrer Reichweite ganze Gegenden abdeckt. Im „Urteil" finden sich zwei ähnliche Imaginationen:

„Sein (des Vaters) schwerer Schlafrock öffnete sich im Gehen, die Enden umflatterten ihn – ‚Mein Vater ist noch immer ein Riese', sagte sich Georg". (S. 11)
und:

„(der Vater) warf die Decke zurück mit einer Kraft, daß sie einen Augenblick im Fluge sich ganz entfaltete, und stand aufrecht im Bett." (S. 15)
Das Bild des Vogels ist hier unverkennbar enthalten. Deutet man den Vogel als Traumsymbol, wird eine weitere Facette in Kafkas Psyche deutlich: Das sexuell geprägte Bild der Männlichkeit (Traumbuch, Traumsymbole und ihre Deutung – Psychologie des Träumens, von Günter Pössinger, München 1974, S. 153/154) wird dem Vater zugesprochen, es ist eine Projektion eigener Wünsche.

Die jetzt folgende *zweite Unterrichtsphase* verlangt die Systematisierung der bisher erarbeiteten Teilergebnisse. Im Unterschied zu den bisher verwendeten graphischen Verdeutlichungen, die statischen Charakter trugen, sollte jetzt eine Reaktionskette aufgestellt werden, die das Prozessuale des Geschehens, die Verknüpfungen der einzelnen Reaktionsweisen verdeutlichen kann. In dieser Phase zeigte es sich, ob die Schüler den Wirkungszusammenhang der Teilergebnisse herstellen können, ob sie jetzt schon den Weg zu einer psychoanalytischen Gesamtdeutung finden können. Als methodische Hilfestellung sollte der Lehrer die Teilergebnisse in ungeordneter Weise an der Arbeitstafel festhalten, z. B. folgendermaßen:

Vater: strafend, dominant
Sohn: passiv, sich unterwerfend
Freund: Idee der Keuschheit, Über-Ich
   Georgs
Vorwürfe des Vaters (gegen Georg): sexuelle Gier/Rivalität/Verrat am Freund

Das fehlende Moment in unserer Deutung ist das Ende der Erzählung, die „Lösung" des Konfliktes zwischen Vater und Sohn. Einen möglichen Zugang bietet der Satz: „Georg fühlte sich aus dem Zimmer gejagt", und später „. . . über die Fahrbahn zum Wasser trieb es ihn" (S. 18). Hieran ist die völlig passive, reaktive und getriebene Haltung Georgs auffällig. Er hat nicht nur keinen Widerstandsgeist, er fühlt sich so als Objekt des übermächtigen, strafenden Vaters, daß es nur den passiven Vollzug der väterlichen Order gibt. Dieses zwanghafte Reagieren wird nur dann plausibel, wenn man als Antrieb nicht nur den *äußeren* Zwang (das Urteil des Vaters) sieht, sondern den *inneren* Impuls, das verratene Ich-Ideal, die gebrochene Norm des Über-Ichs. Man kann annehmen, daß Georg den Tod als Erlösung von der Präsenz des väterlichen Schreckbildes erfährt und daß der Tod für ihn gleichzeitig die konsequente Sühne für die Verletzung der Keuschheitsnorm ist. Die Schuldgefühle nur auf die schlechte Behandlung des Vaters durch Georg zu beziehen, wie es viele nichtpsychoanalytische Interpreten tun, greift viel zu kurz und reduziert die Vielschichtigkeit der Verstrickung Georgs gerade um ihre tragische, weil nicht beeinflußbare, deterministische Komponente.

Aus dem Erlebnis der extremen Schwäche heraus ist der Tod eine adäquate Lösung für eine nicht bewältigte ödipale Konfliktsituation. Indem diese Lösung die Vernichtung des Sohnes (des väterlichen Rivalen) und die völlige Dominanz des Vaters bedeutet, treibt sie nur das sinnfällig auf die Spitze, was Georg ständig als psychisches Erbe unaufgearbeiteter Kindheitskonflikte erleben mußte: Strafe, Schuldzuweisung und das Erlebnis der eigenen Schwäche.

Nachdem im freien Unterrichtsgespräch das Ende der Erzählung gedeutet worden ist, müßten die Schüler in der Lage sein, die Reaktionskette graphisch zu entwickeln (s. Stundenblatt).

Exkurs: Kafka, Die Verwandlung (ohne Stundenblätter)

Überblick über die Behandlung der „Verwandlung"

Stunde	Gegenstand/Fragestellungen	Lernform

1	– Kenntnis des Inhalts der Erzählung
	– Herausfinden der zentralen Problematik:
	  – Ähnliche Personenkonstellation wie im „Urteil"
	  – Auseinandersetzungen zwischen Vater und Sohn deuten auf einen Vater-Sohn-Konflikt hin
	  – Welche Rolle spielt die Verwandlung des Sohnes? (= Leitfrage für die weitere Interpretation)
		– schriftliche oder mündliche Zusammenfassung durch die Schüler
		– freies Unterrichtsgespräch

Stunde	Gegenstand/Fragestellungen	Lernform
2/3	– Charakteristik der Personen vor und nach der Verwandlung – Das reziproke Vater-Sohn-Verhältnis / Der ödipale Konkurrenzkampf Die Schwester (Grete) als geistiges Vorbild	– Arbeitsgruppenarbeit (arbeitsteilig) Angabe der Fundstellen durch den Lehrer (s. Stundenbeschreibung) – Gelenktes Unterrichtsgespräch Auswertung der Gruppenergebnisse und ihre Deutung / Tafelarbeit (Strukturschema)
4	– Die Mißhandlungsakte als symbolische Kastrationsdrohung / Die Verwandlung als Rückzug des Sohnes aus der Vaterposition – Vergleich der Konfliktlösung im „Urteil" und in der „Verwandlung"	– Textarbeit / fragend – entwikkelndes Verfahren (Lehrer nennt wichtige Textstellen, s. Stundenbeschreibung)
5	– Die Funktion des Tieres (Käfer) in der psychoanalytischen Deutung: die Regression in die anale Phase – Wiederholung: der anale Zwangscharakter	– Textarbeit / gelenktes Unterrichtsgespräch (Fundstellen s. Stundenbeschreibung) – Schülerreferat – Vervollständigung des Tafelbildes aus der 3. Stunde

Didaktische Vorbemerkung

Die Geschichte von der Verwandlung Gregor Samsas in einen Käfer ist eine der schockierendsten und rätselhaftesten Erzählungen Kafkas. Jeder, der sie liest, wird sich emotionaler Regungen von Verwirrung, Ekel oder tiefer Nachdenklichkeit nicht entziehen können. Der Lehrer tut also gut daran, ähnliche Gefühle bei den Schülern nach ihrer häuslichen Lektüre einzukalkulieren. Die Geschichte von der Verwandlung hat inzwischen allerdings einige Kopien erfahren. Vor allem die Science fiction-Literatur hat sich des Themas bemächtigt (z. B. die Erzählung von H. Franke: Verwandlung). Der Lehrer muß also unter Umständen damit rechnen, daß die Schüler vorgefertigte Interpretationsschemata von ihrer Privatlektüre auf die Erzählung Kafkas übertragen. Solche Ansätze können als Arbeitshypothesen durchaus eine fruchtbare Funktion erfüllen. Die psychoanalytische Deutung der „Verwandlung" ist recht schwierig; das Auffinden der „passenden" Textstellen, die psychoanalytische Einblicke ermöglichen, ist für die Schüler – schon wegen der Länge des Textes – kaum alleine möglich. Eine behutsame Lenkung durch den Lehrer ist also während der Besprechung dieses Textes notwendig.

1./2./3. Stunde:
Ödipaler Vater-Sohn-Konflikt / Die „Verwandlung" des Vaters / Die Schwester als „Muse"

Als Einstieg in die erste Stunde sollte sich der Lehrer vergewissern, ob den Schülern nach der häuslichen Lektüre der Inhalt der Erzählung präsent ist. U. U. leistet eine schriftliche Zusammenfassung nützliche Dienste.

Die Erzählung „Die Verwandlung" beginnt damit, daß die Hauptperson, Gregor Samsa, ein junger Handlungsreisender, eines Morgens beim Aufwachen entdeckt, daß er in einen riesigen, abscheulichen Käfer verwandelt ist. Die Erzählung beschreibt in drei Teilen, wie Gregor selbst und seine Familie (Vater, Mutter, Schwester Grete) auf diesen Vorfall reagieren. Teil 1 beschreibt – rekapitulierend – Gregors Verhältnis zu seinem Beruf, Teil 2 das zu seiner Familie und Teil 3 das zu sich selbst.

Eine Ursache dieser Verwandlung wird in der Erzählung nicht genannt, auch nicht angedeutet. Ihr symbolischer Gehalt muß deshalb aus den Reaktionen der beteiligten Personen auf die Verwandlung und aus den Angaben zum sozialen Kontext der Familie erschlossen werden.

Wenn zuvor die Erzählung „Das Urteil" behandelt worden ist, wird den Schülern sofort eine Ähnlichkeit in der Personenfiguration auffallen: Auch hier bildet das Dreigestirn Vater – Mutter – Sohn das Zentrum; hinzu tritt – analog dem Freund in der anderen Erzählung – Grete, die Schwester Gregors. Hauptbetroffener ist in beiden Geschichten der Sohn: er ist passiver Held, Gestrafter, Erleidender. Widerpart in beiden Erzählungen ist der Vater, in der Erzählung „Das Urteil" gräßlich überdimensioniert, hier grobschlächtig – brutal, aber durchaus durchschnittlich, im Bereich des Normalen.

Im freien *Unterrichtsgespräch* – diese lockere Form scheint zu Beginn der Interpretation besonders geeignet zu sein – werden die Eindrücke und Vermutungen der Schüler zusammengetragen und eventuell an der „Spontan"-Tafel gesammelt. Die Frage nach dem voraussichtlichen Gang der Interpretation führt bei den Schülern – denen die Interpretation des „Urteils" noch frisch im Gedächtnis haftet – zu der Vermutung, es handele sich auch hier um einen Vater-Sohn-Konflikt, wie er anscheinend für Kafkas Erzählungen typisch sei. Alle Aufmerk-

samkeit sollte auf die Frage konzentriert werden, was denn vor dem Hintergrund eines solchen ödipalen Vater-Sohn-Konfliktes die Verwandlung für eine Bedeutung hat. Hier werden die Schüler nicht viel mehr als vage Vermutungen äußern können. Als Ausgangsfrage für die Textarbeit ist diese Frage jedoch recht brauchbar.

Am Ende dieser spontanen „Sammelphase" sollte der Lehrer *Arbeitsgruppen* zu gezielten und überschaubaren Analyseaufgaben einrichten. Bei der Fülle der zu untersuchenden Aspekte dürfte die arbeitsteilige Form die geeignetste sein. Sie setzt allerdings gut eingearbeitete Gruppen voraus, die in der Lage sind, ihre Ergebnisse dem Plenum, das das entsprechende Untersuchungsfeld nicht kennt, gut zu vermitteln (möglichst mit Leseproben und Seitenangaben).

Arbeitsgruppen mit folgenden Arbeitsaufträgen:

AG 1: Charakteristik des Sohnes *vor* der Verwandlung

AG 2: Charakteristik des Vaters *vor* der Verwandlung

AG 3: Charakteristik des Vaters *nach* der Verwandlung

AG 4: Charakteristik der Mutter

AG 5: Charakteristik der Schwester

Fundstellen der wichtigsten Textpassagen:
Der *starke* Sohn: S. 37/38; S. 42/43
Der *schwache* Vater: S. 42, S. 44; S. 53
Die *Veränderung des Vaters:* S. 53; S. 56; S. 70; S. 72
Mutter und Grete: über den ganzen Text verstreut

Für die Arbeit der Gruppen sollte der Lehrer – seine aktive Hilfe beim Auffinden der passenden Textstellen vorausgesetzt – gut eine Stunde einkalkulieren. Für die Vermittlung der Ergebnisse an die Schüler der anderen Gruppen nochmals eine Stunde. Hier sollte der Lehrer interpretatorische Schlußfolgerungen, wenn sie an dieser Stelle von den Schülern schon geäußert werden, ruhig festhalten (entweder Tafelanschrieb oder Merksatz für die Schüler).

Für die Unterstützung der Schüler bei der Textarbeit und vor allem für die anschließende Auswertung der Ergebnisse sollte der Lehrer sich Bausteine für eine Interpretation zurechtgelegt haben. In der Folge sei ein möglicher Ansatz in geraffter Form präsentiert:

Geht man den Spuren dieser *Vaterfigur* nach, wird man zwei unterschiedliche Phasen finden, die ein völlig konträres Vaterbild vermitteln.

Nach dem Zusammenbruch des väterlichen Geschäftes wird Gregor zum Erhalter und Ernährer seiner Familie. Der Vater versinkt, von dem wirtschaftlichen Desaster innerlich schwer getroffen, in einen Zustand der Lethargie, äußerlich heruntergekommen, passiv und schwach. Der Sohn trifft in dieser Phase alle familiären Entscheidungen: er möchte seine musikbegabte Schwester trotz hoher Kosten auf eine Musikschule schicken, „ohne sich um irgendwelche Widerreden zu kümmern". Nun geschieht die Verwandlung Gregors. Auffällig ist danach ein frappierender Verwandlungsprozeß beim Vater. Aus dem passiven, kränklichen, halb verwahrlosten Vater wird ein straffer, aufgerichteter, dynamischer Mann, der in nichts mehr an seine Hilfsbedürftigkeit von ehedem erinnert. Er profitiert sozusagen von der gräßlichen Entstellung seines Sohnes.

„Der Verlauf der Ereignisse ist also, daß der Sohn an der beruflichen Niederlage des Vaters erstarkt, durch seine Tüchtigkeit den Erwerbssinn und die Selbstachtung seines Vaters lähmt und schließlich in der Familie die Stellung des Vaters einnimmt, während dieser zu einem unselbständigen, hilflosen und pflegebedürftigen Wesen herabsinkt. – Nach der katastrophalen Verwandlung (...) vollzieht sich genau die umgekehrte Entwicklung; der Vater nimmt seine Stellung als Familienoberhaupt wieder ein, und der Sohn sinkt zum unnützen Ballast herab, bis er durch seinen freiwilligen Tod die Familie erlöst."
(Hellmuth Kaiser, Franz Kafkas Inferno. Eine psychologische Deutung seiner Strafphantasie. In: Imago [Wien] 17 [1931], S. 41–103)

Wie in der Erzählung „Das Urteil" liegt dem Geschehen eine *ödipale Konfliktsituation* zugrunde: Die Phase vor der Verwandlung zeigt Gregor in der Position des Vaters, er macht ihm seine Ernährerrolle streitig, während nach der Verwandlung der Vater im Konkurrenzkampf obsiegt. Kaiser deutet in seiner psychoanalytischen Interpretation die Verwandlung als Art Selbstbestrafung für das vorhergehende Konkurrenzverhalten gegenüber dem Vater, als „ein Sich-Zurückziehen aus der anspruchsvollen genitalen Position".

Die Gestalt der *Schwester* ist nicht eindeutig interpretierbar. Sie verkörpert einerseits das Wunschbild Gregors, künstlerisch begabt und unverheiratet (das ist der Beweggrund der Konservatoriumspläne, die Gregor hegt); andererseits schwingen deutliche inzestuöse Momente im Verhältnis des Bruders zur Schwester mit (S. 64); eine dritte Deutungsvariante wäre die, daß man die brüderliche Eifersucht der Schwester gegenüber als eine Verschiebung der ursprünglich der Mutter geltenden ödipalen Eifersucht betrachtet.

Die Mutter:	asthmatisch; fällt mehrmals in Ohnmacht; Anhängsel des Mannes (ab Teil II oft als „Frau Samsa" bezeichnet); flüchtet sich oft in die Arme des Vaters.
Grete, die Schwester:	Namensverwandtschaft Gregor – Grete deutet auf Wesensverwandtschaft oder Wunschprojektion von Seiten Gregors (Kafkas); Grete betritt als erste Gregors Zimmer; sie betrachtet die Verwandlung als Heimsuchung Gregors und nicht in erster Linie als Unglück der Familie; hilfsbereit, altruistisch; musikbegabt: Gregor erhofft sich durch sie den

Weg zur „ersehnten unbekannten Nahrung" (S. 63), worunter man den Bereich der Kunst, der geistigen Sublimierung verstehen kann.

Nach seinem inzestuösen Wunsch (S. 64) vollzieht sich bei Grete ein krasser Wandel in der Haltung gegenüber Gregor: Sie schlägt vor, ihn aus dem Haus zu schaffen, und spricht ihm die Identität als Mensch ab („Du mußt nur den Gedanken loszuwerden suchen, daß es Gregor ist", S. 67). Gregor beschließt darauf seinen Freitod (S. 68/69).

Nach Gregors Tod erscheint Grete zum „üppigen Mädchen aufgeblüht", das den „jungen Körper dehnte" (Signal sexueller Reife). Die geplante Verheiratung Gretes durchkreuzen die Pläne, die einst Gregor mit Grete hatte. Auch hier haben die Eltern – sprich der Vater – gesiegt.

Die hier zitierten Textstellen stützen m.E. die Interpretation, daß Grete für Gregor das Wunschbild des künstlerisch-sublimierten, ehelos lebenden Menschen darstellt. Seine eigene sexuelle Begehrlichkeit zerstört dieses Idealbild und verursacht als „Strafaktion" die Abwendung Gretes von ihrem Bruder, die Einleitung der Krise und die Beschleunigung des Endes Gregors. Psychoanalytisch gesprochen zeigt sich im Verhältnis Gregors zu seiner Schwester eine *gescheiterte Triebsublimierung*, der Sieg des „Es" gegen das „Über-Ich". Der Freitod wäre dann die *Selbstbestrafung* aus tiefen Schuldgefühlen heraus.

Die Aktivierung erotischer Energien bei Gregor zeigt sich in den beiden Szenen, in denen das Bild einer Frau mit einer Pelzboa und einem Pelzhut erwähnt wird (S. 19 und 51). Die Sexualsymbolik (Pelz = weibliches Genitale) ist sehr deutlich auch in den Formulierungen des Textes („preßte sich an das Glas, das ihn festhielt und seinem heißen Bauch wohltat", S. 51) aufspürbar.

Bei der Auswertung der Gruppenergebnisse synthetisieren wir die Untersuchungsergebnisse, die wir eventuell in Rohform an einer Tafelhälfte festgehalten haben, zu einer *Strukturskizze*, die den bis dahin erreichten Stand der Interpretation zusammenfaßt und die die Zielrichtung der weiteren Deutungsarbeit anzugeben vermag. Die adäquate Sozialform in dieser Phase des Unterrichts ist das gelenkte Unterrichtsgespräch. Denkbar ist – falls es die zeitliche Planung erlaubt –, daß jeder Schüler für sich ein Strukturschema erstellt und im Unterricht dann die Einzelergebnisse verglichen werden.

Tafelbild:

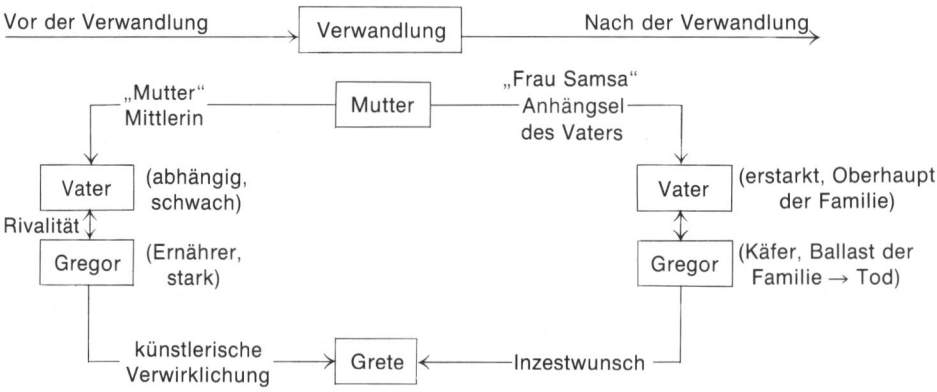

4. Stunde:
Kastrationsangst/resignativer Rückzug aus der Vaterposition

In der 4. Stunde soll die Vermutung, daß die auffällige Erstarkung des Vaters nach der Verwandlung des Sohnes durch das Ausschalten des ödipalen Rivalen bedingt ist, daß die ödipale Konfliktsituation der Schlüssel für das Verständnis der Verwandlung darstellt, durch weitere gemeinsame *Textarbeit* erhärtet werden. Im *fragend-entwickelnden Verfahren* suchen wir nach Anhaltspunkten im Text für die Darstellung des ödipalen Dreiecks. Der Lehrer weist – falls der Hinweis nicht von Schülerseite erfolgt – auf die beiden Mißhandlungsszenen hin. Als weitere Belege können die Textstellen auf S. 34/69/72/70 und 67 dienen. Sie führen uns den ödipalen Konkurrenzkampf in verschiedenen Variationen vor Augen.

Am Ende der 4. Stunde sollte als Zwischenergebnis die Feststellung stehen, daß es sich bei der Verwandlung des Sohnes um einen resignativen Rückzug aus der Vaterposition handelt, um eine symbolische Zurücknahme der eigenen Person im Konkurrenzkampf mit dem Vater. An diesem Punkt ist es sinnvoll, die Schüler zu fragen, worin die Parallelen und die Unterschiede zur Erzählung „Das Urteil" liegen. In beiden Erzählungen fungiert der Vater im Bewußtsein des Sohnes als übermächtige Instanz, der man durch Selbsttötung (Urteil) oder durch langsames Absterben (Verwandlung) entgeht. In beiden Erzählungen vollzieht der Sohn die Kapitulation vor dem Vater erst, nachdem er kurzzeitig – zumindest im ökonomischen Bereich – die Vaterrolle innegehabt hat (Ernährer).

Die beiden Mißhandlungsszenen: S. 35/36 und S. 52–55 lassen sich als *Kastrationsakte* deuten. In der zweiten Szene ist der ödipale Hintergrund deutlich zu erkennen: „... und wie sie (die Mutter) stolpernd über die Röcke auf den Vater eindrang und ihn umarmend, in gänzlicher Vereinigung mit ihm – nun versagte aber Gregors Sehkraft schon – ... (S. 55). Der Beobachtung der Urszene (der Vereinigung von Vater und Mutter) folgt als Verdrängungseffekt das Erlahmen der Sehkraft. Die körperliche Züchtigung durch den Vater wäre die Bestrafung für die konkurrenzhafte Begehrlichkeit des Sohnes; die Kastrationsdrohung ist der schlimmste Bestrafungsakt für den Sohn.
An zahlreichen weiteren Textstellen läßt sich die Assoziation zu der *ödipalen Situation* belegen:

„die Mutter ... fiel dem ihr entgegeneilenden Vater in die Arme" (S. 34)

„Das Ehepaar Samsa saß im Ehebett aufrecht da ..." (S. 69)

„Gleich folgten ihm *die Frauen*, eilten zu ihm, liebkosten ihn ..." (S. 72)

„Da öffnete sich die Tür des Schlafzimmers, und Herr Samsa erschien in seiner Livree, an einem Arm seine Frau, *am anderen seine Tochter* ..." (S. 70)

„... die *Schwester* hatte ihre Hand um des Vaters Hals gelegt" (S. 67)

Diese Textstellen zeigen den Vater in seiner dominierenden, konkurrenzlosen Stellung als Mann. Nur das erste Zitat ist zeitlich vor dem Tod Gregors angesiedelt. Die ödipale Stärke ist also Resultat des Verschwindens Gregors. Die Schwester Gregors erscheint hier sogar als Verdoppelung der Mutter, was den totalen Triumph des Vaters im ödipalen Konkurrenz-Kampf deutlich unterstreicht!

In der Schlußszene (S. 71–73) unterstreichen viele der geschilderten Umstände und Details die wiedergewonnene Vormachtstellung des Vaters, überhaupt die neu erreichte Intaktheit der Familie:

„Abends wird sie entlassen", sagte Herr Samsa … (S. 72)	Gemeint ist das Dienstmädchen; ihre Entlassung wegen ihrer respektlosen Äußerung über Gregor hat eine rein psychische Entlastungsfunktion!
„Also kommt doch her. Laßt schon endlich die alten Sachen. Und nehmt auch ein wenig Rücksicht auf mich." Gleich folgten ihm die Frauen, eilten zu ihm, liebkosten ihn und beendeten rasch ihre Briefe. (S. 72)	Der vom Vater angeordnete Schlußstrich unter die Vergangenheit ist reine Verdrängung; gleichzeitig sichert er sich die emotionale Gefolgschaft der beiden Frauen!
Wohnungswechsel	Die Aufgabe der noch von Gregor ausgesuchten Wohnung soll den neuen Anfang der Familie unterstreichen.
„… dachten sie (die Eltern) daran, daß es nun Zeit werde, auch einen braven Mann für sie zu suchen." (S. 73)	Die Verheiratung Gretes durchkreuzt die Pläne Gregors und zeigt, daß die Tochter die ödipale Konfliktphase positiv überwunden hat.
„Sie fuhren mit der Elektrischen *ins Freie* vor der Stadt. Der Wagen … war ganz von *warmer Sonne* durchschienen … die Aussichten für die Zukunft … waren durchaus *nicht schlecht*." (S. 72)	Die gefällige Natur unterstreicht die familiäre Harmonie.

5. Stunde:
Selbstbestrafung durch Regression/Der „Käfer" als Manifestation des Analen

Oben wurde darauf hingewiesen, daß die Verwandlung Gregors in ein Insekt in auffälliger Weise den Markierungspunkt zwischen den beiden Phasen abgibt, in denen sich die Rivalität zwischen Vater und Sohn abspielt. Die Verwandlung selber wäre zu interpretieren als Eingeständnis der Schuld und des Unterliegens durch Gregor, sie wäre der Selbst-Rückzug aus der ödipalen Rivalitätsposition. Gregor käme durch diese „Verwandlungsstrafe" der Feindseligkeit und Rachbegierde des Vaters zuvor.

Die letzte Stunde ist der Frage gewidmet, welche Funktion das Tier (Käfer) in der psychoanalytischen Deutung hat. Durch Hinweis auf die *Textstellen (S. 36/39/54 und 59)* soll die Verwandlung als Regression auf eine prägenitale (die anale) Phase der Kindheitsentwicklung dargestellt werden.
Bei dem heiklen Thema der Analität muß der Lehrer behutsam vorgehen, um eventuell vorhandene Schamgefühle der Schüler nicht zu verletzen. Vor allem die Erwähnung charakterlicher Dispositionen in Verbindung mit der analen Phase der Kindheitsentwicklung löst bei vielen Schülern sehr gemischte Gefühle aus. Methodisch könnte der Lehrer diese affektiven Klippen vielleicht dadurch umschiffen, daß er einem oder

Das Tier gilt in der Psychoanalyse (z. B. in Träumen) als Verkörperung eines niedrigen, infantilen Entwicklungsstadiums des Trieblebens. Am Insekt, in das sich Gregor verwandelt sieht, ist auffällig, daß es als Tiergattung sehr weit unter dem menschlichen Entwicklungsstadium rangiert. Die Hinweise auf die Eßgewohnheiten des verwandelten Gregor bestätigen die Vermutung, daß es sich bei der Verwandlung um eine symbolhafte *Regression in die anale Phase* handelt (er ißt nur Verdorbenes, läßt intakte Nahrung liegen: S. 39/40; „Komm mal herüber, alter Mistkäfer!": S. 59). Einen weiteren Hinweis auf die Analität der Regression Gregors erhalten wir durch die Schilderung der beiden Mißhandlungen Gregors durch den Vater:

„... drohte ihm ... der tödliche Schlag *auf den Rükken.*" (S. 35)

„... da gab ihm der Vater *von hinten* einen jetzt *wahrhaft erlösenden* starken Stoß ..." (S. 36)

„... ein Apfel ... streifte Gregors *Rücken* ...", „ein ihm sofort nachfliegender *drang* dagegen förmlich in Gregors *Rücken ein.*" (S. 54)

„doch fühlte er sich wie festgenagelt und streckte sich in vollständiger *Verwirrung aller Sinne.*" (S. 54)

Mit relativer Deutlichkeit wird hier die anale Zone als Zielbereich der väterlichen Aggression angegeben. Die Strafe erfährt eine lustvolle Beimischung, man könnte von einer masochistischen Lust reden. Auch dies deutet auf die anale Regressionsstufe hin. (Sadismus und Masochismus sind nach Freud charakterliche Dispositionen, die in der analen Phase der Kindheitsentwicklung entstehen.)

mehreren Schülern, die sich bislang durch einen unbefangenen Umgang mit psychoanalytischen Sachverhalten ausgezeichnet haben, den Auftrag erteilt, zur 5. Stunde die Begriffe „Analität", „anale Phase", „analer Zwangscharakter", „Sadismus" und „Masochismus" in einem Nachschlagewerk oder bei Freud selbst nachzuschlagen und sie in die Besprechung einzubringen.

Literaturangaben zum „analen Zwangscharakter"
1. S. Freud: Abriß der Psychoanalyse (3. Kap.) Frankfurt/M. 1953, S. 14–18
2. Th. Adorno u. a.: Studien zum autoritären Charakter, Frankfurt/M. 1973, S. 322–327
3. Jugendlexikon Psychologie, Reinbek bei Hamburg, 1976 (unterschiedliche Stichwörter)

Den Hinweis auf die regressive Bedeutung des Tieres in menschlichen Träumen muß der Lehrer selbst geben und eventuell an Traumbeispielen illustrieren. Die Deutung der Textstellen geschieht im gelenkten Unterrichtsgespräch. Als letzten Schritt der Interpretation vervollständigen wir das in der 3. Stunde angefertigte Tafelbild:

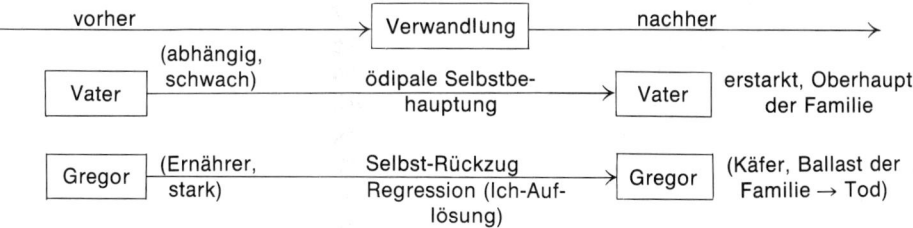

E. T. A. Hoffmann, Der Sandmann

Didaktische Vorbemerkungen

Bei dieser Erzählung werden die Schüler mit zahlreichen Schwierigkeiten konfrontiert, mit denen sie noch nicht vertraut sein dürften. Gegenüber den bisher besprochenen Texten (Nachbar/Mindernickel/Urteil/Verwandlung) sehen sie sich einer ungleich größeren Personenzahl gegenüber, die zugleich auch unübersichtlicher, verquickter zu sein scheint. Zudem ist der Text, was Inhalt und Stil angeht, historisch noch weiter zurück angesiedelt, so daß eine Einfühlung vom Zeithintergrund her entfällt. Zum dritten werden hier doch einige wesentliche psychoanalytische Kenntnisse verlangt, wie z. B. über Persönlichkeitsspaltung, Projektion und schizoiden Wahn.

Für die Besprechung sind 5 Stunden vorgesehen; wenn die Erstellung einer Inhaltswiedergabe nach der häuslichen Lektüre im Unterricht gemeinsam gemacht wird, erhöht sich die Stundenzahl. Kollegen, die den Text für die Akzentuierung vorhandener Epochenkenntnisse (Romantik) nutzen wollen, müssen eine weitere Stunde veranschlagen. In den Stundenblättern ist die rein psychoanalytische Interpretation aufbereitet.

Fachliche Vorinformation

Mit Hoffmanns Erzählung „Der Sandmann" wenden wir uns einem Text zu, der geradezu dazu einlädt, sich mit ihm psychoanalytisch auseinanderzusetzen. Dies ist auch hinlänglich geschehen. Den Anfang der psychoanalytischen Beschäftigung mit dieser Erzählung machte Siegmund Freud selbst.[*]

Die Erzählung ist nach einem äußerst genauen Notat Hoffmanns unter dem Manuskript am „16. November 1815, Nachts 1 Uhr" entstanden, sie wurde mit anderen Erzählungen zusammen 1816 und 1817 in Berlin in der Sammlung „Nachtstücke" veröffentlicht. Die Sichtung der erhaltenen Fassungen des Textes zeigt, daß Hoffmann es von Anfang an darauf anlegte, die Vorgänge mehrdeutig erscheinen zu lassen, die Grenzen zwischen Wirklichkeit und Wahn aufzulösen. Beide Bereiche durchdringen sich laufend, objektive und als unbezweifelbar geltende Fakten fehlen weitgehend. Auf der Ebene der Erzähltechnik entspricht dem der ständige Wechsel der Erzählperspektive und des Erzähltons. Die Exposition wird in Form dreier Briefe entwickelt; der Erzähler ist abwesend und präsentiert uns zwei Ansichten über ein Faktum, nicht das Faktum selbst. Also schon eine Brechung am Beginn. Während des weiteren Erzählgangs wechseln ironische Distanz (z. B. bei der Schilderung des Skandals, den die Aufdeckung des Geheimnisses Olimpias verursacht) mit suggestiver Nähe (z. B. wenn der Leser das Geheimnis Olimpias nicht eher erfährt als Nathanael).

In der Klassik, die nach der zeitlichen Periodisierung weitgehend parallel zur Romantik verlief, war das Ich des Individuums einmalig, unverwechselbar und fest umgrenzt. Es war das in sich ruhende Zentrum der Welterfahrung, mit sich und der Realität eins kraft des gestalterischen Willens des aktiven Menschen. In der Romantik ist weithin Gegenteiliges festzustellen. Hier ist das Ich ein labiler Bewußtseinszustand, bedroht, gespalten, keiner eindeutigen Erkenntnis mehr fähig. Die Gefährdung des Individuums, die der Romantiker verspürt, drückt sich aus in rückwärtsgewandter Utopie (Sehnsucht nach dem Mittelalter) – also in einer aus der Historie entlehnten „sicheren" Identität – oder in der Hingabe an die Schicksalsmächtigkeit des Dämonischen. Hierin liegt eine Begründung für die „Anfälligkeit" der Romantik für die Nachtseite des Lebens, aus deren Geheimnissen man die

---

[*]S. Freud, Psycholog. Schriften, Bd. IV, Frankfurt/M. 1970, S. 253–257

Gesetze der menschlichen Existenz zu erschließen suchte. Das Motiv des Doppelgängers veranschaulicht die erfahrene Labilität des Ichs. Sich seiner selbst nicht mehr sicher, erscheint es in der Gestalt eines anderen. Eine andere Variante des Doppelgängermotivs ist die, in der eine andere Person als „verdoppelt" erscheint. Mit einem ähnlichen Phänomen haben wir es in unserer Erzählung „Der Sandmann" zu tun. Die Psychoanalyse begnügt sich nicht mit der *kulturhistorischen* Interpretation dieses Phänomens. Sie untersucht, ob in dem literarischen Material Spuren einer *individuellen Sozialisation* auffindbar sind, die uns dieses für viele Romantiker (oder besser: Figuren romantischer Dichtung) typische Welterleben erklärbar machen.

15. Stunde:
Konstellation und Charakteristik der Personen

Bei dieser verwickelten Erzählung ist es unbedingt nötig, daß die Schüler bei der Textarbeit im Unterricht über den Inhalt genau Bescheid wissen. Ratsam ist deshalb, die häusliche Lektüre mit dem Auftrag zu verbinden, eine *schriftliche Inhaltsangabe* zu schreiben. Zu Beginn der ersten Stunde werden die Inhaltsangaben überprüft.

Der *zweite Unterrichtsschritt* in dieser Stunde führt die Schüler auf bekanntes Terrain. An allen vorausgehenden Texten haben sie gelernt, die Wichtigkeit der Personenkonstellation für die Interpretation zu ermessen. Auch andere Interpretationsverfahren untersuchen das Miteinander und das Gegeneinander der handelnden Personen; bei der psychoanalytischen Methode ist dies jedoch der zentrale Zugang zur Deutung.

Im Unterrichtsgespräch sammeln wir alle vorkommenden Personen und gruppieren sie durch Anschrieb an der Tafel. Dabei ist die Art der Systematik noch nicht wichtig. Es ist denkbar, daß die Schüler nach Haupt- und Nebenpersonen unterscheiden oder nach dem Geschlecht. Aber auch eine willkürliche Anordnung wäre nicht schlimm. Denn erst anschließend wird die Zahl der für die Analyse zentralen Figuren dezimiert und zwar durch die Entdeckung der Identität von Coppelius, Sandmann und Coppola durch Nathanael. Wir machen uns die Sichtweise Nathanaels zu eigen und gehen von diesem Zeitpunkt an von der „Dreifachgestalt" (Sandmann/Coppelius/Coppola) aus.

In einem nächsten Schritt versuchen wir die Personen einzukreisen, die für die psychoanalytische Deutung wichtig sein werden. Von der Häufigkeit der Präsenz der Personen in der Geschichte her und von den bisher gesammelten Erfahrungen mit Konfliktmodellen (Urteil/Verwandlung) werden die Schüler als erstes den Vater-Sohn-Aspekt nennen, dann dem Freund die Braut (Clara) zuordnen und die ominöse „Dreifachgestalt" noch hinzufügen. Damit haben wir die diesmal recht komplizierte Personenfiguration als Ausgangspunkt für die weitere Deutung erstellt.

Bevor wir erste heuristische Überlegungen anstellen, was die Schüler natürlich reizt, versuchen wir in der *dritten Unterrichtsphase*, möglichst viele Informationen über die einzelnen Personen aus dem Text zusammenzutragen. Dies ist – und das werden die Schüler sicher erst in einer späteren Phase der Besprechung einsehen – eine wichtige Voraussetzung für die Enträtselung der dieser Geschichte innewohnenden Geheimnisse. Welche Methode der Lehrer hierbei anwendet, hängt von unterschiedlichen Aspekten ab. Wenn die Klasse durch die vorausge-

Inhalt:

Der Student Nathanael schreibt seiner Braut Clara, daß er glaubt, in einem Optiker namens Coppola, der ihm ein Fernrohr verkaufen wollte, den schrecklichen Advokaten Coppelius aus den Tagen seiner Kindheit erkannt zu haben. Dieser Coppelius hat an bestimmten Tagen seinen Vater besucht, um mit ihm geheimnisvolle Dinge zu tun. An diesen Abenden schickt die Mutter die Kinder immer rechtzeitig zu Bett, damit sie vom Besuch nichts mitbekommen. Die Mutter begründet ihre Aufforderung, zu Bett zu gehen, mit dem Hinweis, der Sandmann komme und streue den müden Kindern Sand in die Augen. Eine Amme erzählt Nathanael, der Sandmann sei eine grausame Gestalt, die den Kindern die Augen ausreiße. Von Neugier getrieben, versteckt sich Nathanael eines Nachts im Zimmer des Vaters und belauscht das geheimnisvolle Treiben des Vaters mit dem vermeintlichen Sandmann, der sich jedoch als der Advokat Coppelius entpuppt. Von den alchimistischen Versuchen der beiden erschreckt, verrät sich der Junge. Coppelius droht, ihm die Augen auszureißen, kann jedoch vom Vater besänftigt werden. Aus einer Ohnmacht erwacht Nathanael in den Armen seiner Mutter. Danach ist er mehrere Wochen krank. Als Coppelius zum letzten Mal vor seinem Verschwinden beim Vater erscheint, kommt dieser auf rätselhafte Weise ums Leben.

Clara und ihr Bruder Lothar versuchen in ihren Briefen die Wahnvorstellungen Nathanaels als Phantombilder zu erklären. Allmählich verblaßt in ihm die Vorstellung vom Sandmann und dessen beiden Doppelgängern. In einem Gedicht ruft er selbst eine grausame Erinnerung an ihn hervor. Später kauft Nathanael von Coppola ein Fernrohr. Mit ihm betrachtet er die schöne Tochter des gegenüberwohnenden Professors Spalanzani, Olimpia. Nathanael verliebt sich in sie, verfällt jedoch dem Wahnsinn, als Olimpia, eine Gliederpuppe, in einem Streit zwischen dem Professor und Coppola zerrissen wird. Nachdem er aus einem Sanatorium entlassen worden ist, faßt er den Entschluß, Clara zu heiraten. Bei einer Turmbesteigung erblickt er Clara, die sich zufällig vor ihn gestellt hat, in überdimensionierter Größe durch sein Fernrohr. Er wird von einem neuerlichen Wahnsinnsanfall ergriffen und will Clara als „Holzpüppchen" vom Turm stürzen. Lothar kann dies gerade noch verhindern und Clara in Sicherheit bringen. Als Nathanael in der Menge unter dem Turm den Advokaten Coppelius erblickt, stürzt er sich vom Turm in den Tod.

hende, relativ lehrerzentrierte Plenumsarbeit ermüdet ist, sollte der Lehrer methodisch wechseln und Gruppen- oder Partnerarbeit vorschlagen (jede Gruppe sammelt Material zu einer Person). Wenn die Spannungskurve in der Lerngruppe noch anhält, kann gemeinsame Textarbeit mit gleichzeitigem Tafelanschrieb sinnvoll sein. Die dritte Möglichkeit besteht darin, die Textarbeit zu Hause zu leisten. Diese Form bietet sich vor allem dann an, wenn die Zeit in dieser Stunde schon sehr weit fortgeschritten ist. Die Ergebnisse dieser Textarbeit sollten zumindest in den Schüleraufzeichnungen präsent sein. Sie werden für die spätere Deutungsarbeit gebraucht.

Hier Hinweise auf besonders *ergiebige Textstellen*. Deren Angabe durch den Lehrer soll verhindern, daß die Textarbeit der Schüler bei der Länge der Erzählung ins Uferlose gerät.

Ziel der Personencharakteristiken sollte sein, das ambivalente Vaterbild in der Erinnerung Nathanaels festzuhalten und bei der „Dreifachgestalt" (Sandmann/Coppelius/Coppola) die übereinstimmend bedrohlichgreuliche Zeichnung des Portraits zu erkennen. Bei Clara fällt auf, daß sie einerseits als rational-verständiger Gegenpol zu Nathanael beschrieben wird (s. die quasi psychoanalytische Deutung, die sie in ihrem ersten Brief an Nathanael liefert, S. 12–16); andererseits erscheint Clara in ihrer Wirkung auf andere selbst ambivalent (S. 21). Auffällig bei ihr ist noch die seltsame Betonung ihrer Augen, was mit dem später noch zu ergründenden Augenmotiv in der Erzählung korrespondiert. Bei Nathanaels Portrait ist wichtig, daß sein Zustand sehr abhängig ist vom Erleben des jeweiligen Vaters (freundliche oder bösartige Variante).

16. Stunde:
Die Verdoppelung des Vaterbildes als Verdrängungsleistung des Sohnes/Die „negative" Figur im Märchen

Die ersten nennenswerten Verständnisschwierigkeiten werden in der zweiten Stunde auftauchen, wenn die Schüler eine Bewertung der entworfenen Personenkonstellation treffen sollen, wenn sie aus dem Rohmaterial der „Personensteckbriefe" interpretatorische Schlüsse ziehen sollen. Durch gezielte Impulse lenken wir im Unterrichtsgespräch die Aufmerksamkeit der Schüler auf die Ambivalenz der Eigenschaften des Vaters und auf die zentrale Textstelle, die zeigt, was sich hinter dem dreifachen Doppelgänger (Sandmann/Coppelius/Coppola) verbirgt. Daß diese Gestalt eine Verdoppelung des Vaters darstellt, läßt sich anhand der Schilderung der Alchemieszene nachweisen. Hier vollzieht der sanfte, gütige Vater gleichsam eine Verwandlung in seine häßliche, widerwärtige Variante: „Er sah dem Coppelius ähnlich" (S. 9). Nach seinem Tod verwandelt er sich wieder zurück in die gütige, milde Vatergestalt (S. 12). Coppelius erscheint in seiner ganzen Charakterisierung als Abspaltprodukt des Vaters, als negative Variante des Vaterbildes. Während der Vater überwiegend positiv charakterisiert wird, nämlich als kinderfreundlich, gemütlich, genußfreudig und kommunikativ, erscheint sein negatives Abbild (Coppelius) als Kinderschreck, der die Kinder um ihre kleinen Freuden bringt (S. 4–8).

Aus Märchen kennen wir das Phänomen, daß sogenannte böse Figuren wie Stiefmütter oder Hexen die wichtige Funktion erfüllen, alle negativen Gefühle des Kindes und die damit verbundenen Schuldgefühle auf sich zu ziehen. Sie fungieren damit als Verdoppelung oder Abspaltung (von) der Mutter, deren Beziehung zum Kind dadurch positiv und harmonisch bleiben kann. Damit erfüllen die negativen Figuren im Märchengeschehen eine wichtige psychische Entlastungsfunktion.

Die zentrale Frage, die sich dem Leser des „Sandmann" aufdrängt: Wer ist dieser Sandmann bzw. Coppelius/Coppola?, kann mit diesem Ansatz einer Klärung näher gebracht werden. Freud hat bei seinen klinischen Traumuntersuchungen sehr häufig festgestellt, daß der Träumende unter z. T. großen emotionalen Erschütterungen Personen phantasiert, die mit aggressiven Handlungen bis hin zu Mordtaten bedacht werden. Oft sind es Menschen, die in keinem Zusammenhang mit Personen aus dem Lebensbereich des Träumenden zu stehen scheinen. Die subtile Entschlüsselung des Traums ergab jedoch das überraschende Resultat, daß der Träumende sehr wohl ihm bekannte Personen im Auge hatte, hassenswerte Personen aus der engsten Familie (Vater/Mutter/Geschwister); daß jedoch die manifesten Schuldgefühle es nicht zuließen, den Haß auf diese Personen selbst zu entladen. Die vom Über-Ich gesteuerte Traumzensur vollbrachte dann die Verschlüsselung, indem sie eine Phantasiegestalt, quasi einen Doppelgänger ins Traumgeschehen projizierte.

Marina Neumann – Schönwetter: Es war einmal ein Konflikt ...

Das Verhältnis von Außenwelt und Innenwelt im Märchen. Aus: Psychologie heute, März 1981, Beltz Verlag, Weinheim, S. 15f.

...

Im Märchen gibt es den guten Helden/die gute Heldin und den bösen Gegenspieler. Beide Figuren stellen einen Teil des Konflikts dar. Besonders anschaulich wird diese Auseinandersetzung zwischen Gut und Böse in den Kämpfen mit dem Drachen, dem Teufel, mit Hexen, Zauberern und auch der Stiefmutter. Die Auseinandersetzung des Märchenlesers oder Zuhörers mit der auf negative Figuren projizierten eigenen Wut kann hier schuldfrei erfolgen. Gewalttätigkeit ist erlaubt. So kann die Figur der Hexe oder Stiefmutter, die alle bösen Gefühle und damit verbundenen Ängste aus der Beziehung zur eigenen Mutter abspaltet und auf sich zieht, gehaßt und bekämpft werden. Die Beziehung zur „guten" Mutter ist damit nicht gefährdet. Auf der Subjektebene, auf der alle Märchenelemente als Anteile des eigenen Selbst gesehen werden, kann man eine innerpsychische Auseinandersetzung mit der eigenen noch nicht entwickelten „Mütterlichkeit" oder mit eigenen hexenhaften Zügen annehmen.

Aus dem Charakter der negativen Figuren kann man die Qualitäten der abgespaltenen Gefühle, Wünsche und Versagungen erschließen. Figuren mit verschlingendem, erstickendem, feuerspeiendem Charakter verweisen auf orale Wünsche und Versagungen, auf konflikthaft gewordene orale Strebungen. Personen oder Dinge voller Schmutz, mit üblem Geruch, die mit Lärm daherkommen, und Personen, die Schätze bewachen, verweisen auf abgespaltene anale Wünsche. Oft genug werden diese Wünsche aber dem Helden symbolisch direkt erfüllt, so etwa wenn der Teufel verlangt, daß der Held sich eine Anzahl von Jahren nicht waschen dürfe, dafür aber immer Geld in der Tasche habe. Daneben finden sich Figuren wie Riesen, die allein ihrer Größe und Stärke wegen furchterregend sind. Sie verweisen auf die Erfahrung des kleinen Kindes, auf seine Ohnmachtsgefühle und Allmachtswünsche. Auch die Beziehungen zur Natur werden so gesehen: Die Erde beherbergt böse Geister, die die Dürre ins Land bringen; gute Geister, wenn sie fruchtbar ist. Tiere können Freunde oder Feinde sein, entsprechend müssen sie bekämpft oder ihr Vertrauen muß gewonnen werden ...

Das Doppelbild des Vaters wäre also eine psychische Verdrängungsleistung des Sohnes.

Um die Schüler zu dieser Märchenanalogie hinzuführen, soll ein kurzer Zusatztext eingebracht werden (Neumann-Schönwetter, Es war einmal ein Konflikt ...), der in bemerkenswerter Kürze und Dichte die hier vorliegende Problematik erläutert. Die Erkenntnis, daß sich in der Dreifachfigur (Sandmann/Coppelius/Coppola) die hassenswerten negativen Eigenschaften des Vaters konzentrieren, bildet das Ergebnis dieser Stunde.

17. Stunde:
Die Reaktivierung der ödipalen Kastrationsangst/Sexualverbot und Schuldgefühle

In der dritten Stunde der Besprechung soll den Ursachen für die Verdoppelung des Vaterbildes nachgespürt werden. Nach meiner Erfahrung begeben wir uns dabei auf ein Terrain, das den meisten Schülern als sehr spekulativ erscheinen wird. Dies liegt zum einen daran, daß das Sexuelle – um diese Sphäre handelt es sich hierbei – im Text nicht direkt genannt ist, sieht man von der Eheanbahnung des Paares ab, daß wir – wie Freud dies vorexerzierte – fast ausschließlich auf die Deutung versteckter Hinweise oder der Symbolik (z. B. des Feuers oder der Augen) angewiesen sind. Diese Ergebnisse der Freudschen Traumdeutung muß der Lehrer einbringen. Gleichzeitig muß er behutsam lenkend die Textstellen präsentieren, an denen die Schüler den sexuellen Bezug erkennen können. Sollten sich die Schüler gegen die intendierten Deutungen sperren („Alles Spinnerei"), ist das nicht schlimm. Oft ist dies ein Anzeichen dafür, daß der Unterrichtsgegenstand unbeabsichtigt persönliche Erlebnisse und Probleme tangiert hat, die zuerst mit dem neuen „Wissen" aufgearbeitet werden müssen. Behutsamkeit ist in dieser Phase des Unterrichts auf alle Fälle am Platze.

Hier in Kürze die *psychoanalytische Deutung* der Verdoppelung des Vaterbildes durch Nathanael:

Einige Stellen im Text geben uns Aufschluß darüber, weshalb Coppelius als Negativbild des Vaters gemeint ist und weshalb die Aufspaltung der Vaterfigur in zwei konträre Bilder für den Sohn nötig ist. Coppelius wird als bösartiger Mann beschrieben, der den Kindern den „Kuchen oder eine süße Frucht" durch Berührung verdirbt, der ihnen „Näschereien" vergällt und ihnen „auch die kleinste Freude" verdarb. Es bedarf sicher keiner großen Phantasieleistung, um zu erkennen, daß hier der Bereich des Sexuellen in dezenten Umschreibungen angesprochen ist.

Auch die Begegnungen des erwachsenen Nathanael mit dem negativen Vater (Coppola/Coppelius) haben eindeutig sexuelle Bedeutungen:

– in seiner Dichtung drückt Nathanael seine Ahnung aus, daß Coppelius „sein Liebesglück" stören werde (S. 23);

– Coppola vernichtet sein zweites Liebesobjekt, die Puppe Olimpia (S. 38);

– Coppelius zwingt Nathanael unmittelbar vor seiner Vereinigung mit seiner Braut zum Selbstmord (S. 42).

Die Erscheinung der gräßlichen Gestalt des Coppelius/Coppola im Leben des erwachsenen Nathanael scheint die gestaltgewordene Erweckung einer alten Kinderangst zu bedeuten, einer Angst, die sich vor allem auf die sexuelle Sphäre richtet. Freud hat in seiner Interpretation der Erzählung „Der Sandmann" auf das in vielfältiger Gestalt im

Text erscheinende Augenmotiv hingewiesen. Er weist anhand seiner Untersuchungen von Träumen und Mythen nach, daß die Angst um die Augen nicht nur eine typische Realangst bei Kindern sei, sondern auch ein Ersatz für die Kastrationsangst. Er verweist auf die mythische Gestalt des Ödipus, der durch Selbstblendung die eigentlich ihm zugedachte härtere Strafe, die Kastration, mildert. Im Text wird die Augenangst entweder mit dem Vater in Beziehung gebracht oder mit dem Verlust von Nathanaels Liebesobjekt. Als der Junge in seinem Versteck entdeckt wird, kämpft der „gute" Vater mit dem „bösen" um die Augen des Sohnes: „Mag denn der Junge die Augen behalten..." (S. 10). Statt dessen „faßte er (ihn) gewaltig, daß die Gelenke knackten" (ebd.): die Tracht Prügel an Stelle der befürchteten Kastration. In Nathanaels Gedicht wird dargestellt, wie Coppelius der vor dem Traualtar stehenden Clara die Augen herausreißt. In der Selbstmord-szene springt Nathanael mit dem Werberuf Coppolas „Ha! Sköne Oke – Sköne Oke" in den Tod.

Auch die Bedeutung des Feuersymbols im „Sandmann" kann man nach Freuds Erkennt-nissen im Bereich des Sexuellen ansiedeln. „An der ursprünglich phallischen Auffassung der züngelnden, sich in die Höhe reckenden Flamme kann nach vorhandenen Sagen kein Zweifel sein. Das Feuerlöschen durch Urinieren ... war also wie ein sexueller Akt mit einem Mann, ein Genuß der männlichen Potenz im homosexuellen Wettkampf." (Freud, Das Unbehagen in der Kultur, Fischer-TB, S. 86)

In der Erzählung ist das Feuersymbol an zwei Stellen zu finden: in der Szene vor dem Traualtar (in Nathanaels Gedicht) reißt Coppelius Nathanael in einen „flammenden Feuerkreis"; in der Selbstmordszene ruft Nathanael kurz vor dem Sprung in die Tiefe: „Feuerkreis dreh dich – Feuerkreis dreh dich". Das phallische (homoerotische) Feuersi-gnal erscheint an den Stellen, wo sich Nathanael auf brutale Weise des heterosexuellen Liebesobjektes beraubt fühlt.

Faßt man diese Tatbestände zusammen, so kommt man zu foigendem Resultat: Der Anlaß für die Verdoppelung des Vaterbildes im Bewußtsein des Kindes ist die tiefsitzende Angst vor den strafenden, brutalen Seiten des Vaters. Das ist das eigentliche Geheimnis des unheimlichen Sandmanns und seiner zwei Doppelgänger, daß diese Gestalten – auch im Erwachsenenleben Nathanaels – die ödipale Kastrationsangst reaktivieren. Der Tod des Vaters ist durchaus als Wunsch des Sohnes aufzufassen, eines Wunsches, der allerdings nur der vom Kind als bösartig empfundenen Seite des väterlichen Verhaltens gilt. Deshalb erscheinen dem Jungen auch die Züge des toten Vaters „wieder mild und sanft geworden", gleichsam, als sei die Gestalt des Vaters durch den Tod auf den liebenswer-ten, zärtlichen Kern reduziert worden.

Wie im Märchen „Hänsel und Gretel" Gretel die Hexe in den Ofen schiebt und sich dadurch symbolisch der häßlichen und kinderfeindlichen Seite der eigenen Mutter entledigt, imaginiert der junge Nathanael den Tod des strafenden, unterdrückenden Vater*teils*. Daß dem Coppelius selbst dann der Tod in die Schuhe geschoben wird, mag man als Entlastung vom Ruch des Todeswunsches verstehen. Die Zerlegung der Vater-imago und die damit einhergehende gefühlsmäßige Ambivalenz haben ihre Ursache in den Schuldgefühlen, die in dem Kinde als Begleiterscheinung der destruktiven Wünsche aufkeimen. Sie beziehen sich sowohl auf die eigenen sexuellen Wünsche (man beachte, daß die gräßlichen Doppelgänger just dann auftauchen, wenn Nathanael sich der hete-rosexuellen Wunscherfüllung nähert!), als auch auf die Aggressionen gegen den strafen-den Vater („wie ich deutlich dachte, hart gestraft zu werden", S. 9). Eine wohl tiefgehende Prägung während der Kindheit bewirkt bei Nathanael eine bis ins Erwachsenenleben hinein wirksame Reaktivierung der traumatischen Angst. Sie führt zu Gespaltenheit, Wahnvorstellungen und letztlich zu zwanghaft vollstreckter Selbstdestruktion.

Die Stunde sollte in etwa folgendermaßen ablaufen:

An den *Anfang* rücken wir die Problemfrage: Warum kommt es zu der Aufspaltung des Vaterbildes? Danach weisen wir die Schüler auf die Textstellen hin, bei denen die Eingriffe der unterschiedlichen Vaterrepräsentanzen in das Leben Nathanaels beschrieben werden. Die von den Schülern gefundenen Ergebnisse listen wir an der Tafel auf, um sie für die weitere Interpretation verwenden zu können. Die Beantwortung der Frage, in welche Lebenssphären die Vaterfiguren am vehementesten eingreifen, wird den Schülern nicht sehr schwer fallen, da im Text die Ehe und die Liebe direkt angesprochen werden. Die Entdeckung der sexuellen Sphäre bildet das Ergebnis der *ersten Unterrichtsphase*.

Vertieft soll diese Feststellung in der *2. Phase* durch einige Lehrerhinweise werden, die sich auf Freuds Entdeckung der Augen und des Feuers als Sexualsymbole beziehen. Diese Informationen sollen nicht abstrakt eingebracht werden, sondern sollen auf die entsprechenden Stellen im Text bezogen werden. Die Analyse der verschleiernden Formulierungen auf S. 8 des Textes als verdeckte Hinweise auf die frühkindliche Sexualität leitet über zur Problematik der Schuldgefühle, die bei Nathanael nicht nur für die nachträgliche sprachliche Kaschierung, sondern auch für die Abspaltung eines „schlechten" Vaterteils vom realen Vaterbild verantwortlich zu sein scheinen.

In *Phase 3* dieser Stunde werden die Ergebnisse der einzelnen Lernschritte zusammengefaßt und an der Tafel gesichert. Damit ist – als wichtiger analytischer Zwischenschritt – die Ausgangsfrage nach den Ursachen für die Verdoppelung des Vaterbildes beantwortet. Für knappe und prägnante Formulierungen der Resultate sind die Schüler sicher sehr dankbar, da die Kompliziertheit der zuvor besprochenen Sachverhalte ihre Merkfähigkeit gewiß strapaziert hat (Resultate s. Stundenblatt).

18. Stunde: Realitätsverlust und Wahnsinn/ Rettung der Subjektivität im Wahn

In dieser Stunde wenden wir uns der eigentlichen „Krankheits"geschichte zu, der Genese und Funktion des Wahnsinns. In der vorhergehenden Stunde haben wir herausgefunden, daß das Doppelbild, das Nathanael von seinem Vater hat, einer Verdrängungsleistung aus tiefen Schuldgefühlen heraus zu verdanken ist. Verdrängungen sind – wie Freud betonte – keine eigentlichen Konfliktlösungen, da das Verdrängte jederzeit wieder ins Bewußtsein treten und sich dem Ich aufdrängen kann. Interessant ist nun in der Erzählung, daß das Auftreten der ersten Wahnanzeichen bei Nathanael in Verbindung mit dem Auftauchen des Wetterglashändlers Coppola steht. Im Text heißt es dazu, daß „. . . er recht feindlich in sein Leben getreten sei."

„Alle fühlten das, da Nathanael gleich in den ersten Tagen in seinem ganzen Wesen durchaus verändert sich zeigte. Er versank in düstre Träumereien, und trieb es bald so seltsam, wie man es niemals von ihm gewohnt gewesen. Alles, das ganze Leben war ihm Traum und Ahnung geworden." (S. 21) Chronologisch in Bezug auf die Erzählstruktur liegt dieses Geschehen ganz am Anfang (S. 3). Wenn man jedoch die Kindheit Nathanaels, die er uns in Rückblenden mitteilt, mit in Betracht zieht, liegt dieses Auftauchen des Händlers wohl zur Zeit seiner Studienjahre.

Die entscheidende Frage, die nun geklärt werden soll, ist die, warum gerade dieses Ereignis bei Nathanael eine so nachhaltige

Sinnesverwirrung erzeugt, und – daran anschließend – welche Funktion der Wahnsinn in seinem Lebensvollzug für ihn hat.

Wir haben den Zustand des Wahns oben Krankheit genannt. Wenn wir den Begriff „Krankheit" hier verwenden, dann im Freudschen Sinne als Anpassungsversuch, als Versuch des Menschen, Probleme zu lösen, die der Gesunde auf seine Art löst. Der Konflikt ist ein der Gesundheit und der Krankheit gemeinsamer Faktor. Die Versuche, Konflikte zu bewältigen, sind im konkreten Leben äußerst vielfältig, die Grenzziehung zwischen einer „normalen" und einer „krankhaften" Bewältigung ist im Grunde eine willkürliche Setzung, die gesellschaftlich-normative Ursachen hat. Eine solche offene Haltung ist für den Lehrer wünschenswert, wenn er den Sachverhalt der „psychischen Erkrankung" im Unterricht thematisiert. Bei den Schülern, deren Betroffenheit durch das Zursprachebringen seelischer Vorgänge relativ groß sein wird und die ständig geneigt sind, sich einer Selbstanalyse zu unterziehen, darf auf keinen Fall eine Stigmatisierung seelischer Phänomene das Resultat sein.

Wenn wir anhand zweier Zusatztexte das Entstehen von Geisteskrankheiten untersuchen, dann nicht, weil wir daran ein besonderes Interesse hätten, das wir bei der Besprechung dieses Textes so en passant befriedigen können. Nein, dieser Exkurs führt zurück ins Zentrum unserer psychoanalytischen Deutung. Wir werden erkennen, daß der Wahnsinn im „Sandmann" keine zusätzliche Draperie, kein romantisch-gruseliges Beiwerk ist, sondern daß sich hierin eine Konsequenz in der traumatischen Entwicklung Nathanaels ausdrückt, die angesichts der ihm zugemuteten Verdrängungsleistungen folgerichtig und sinnvoll anmutet. Nathanael rettet sich vor der Wiederkehr der verdrängten Schreckensbilder und Angstvisionen in den Wahnsinn, in die seelische Nische, in der Subjektivität – wenn auch in für normale Zeitgenossen unverständlicher Form – möglich zu sein scheint.

Im Unterricht gehen wir in der *ersten Phase* so vor, daß wir im Text die Stelle suchen, wo zum ersten Mal bei Nathanael von Anzeichen des Wahns berichtet wird. Diese Stelle deuten wir so, daß mit dem Auftauchen Coppolas bei Nathanael verdrängte Regungen seines Trieblebens reaktiviert werden (Aggressionen gegen den strafenden Vater und sich daraus herleitende Schuldgefühle), die anscheinend nur in einem Zustand, bei dem „Traum und Ahnung" (S. 21) verschwimmen, ertragen werden können. Nachdem wir dies als die Funktion des Wahnsinns bei Nathanael festgehalten haben, erarbeiten wir die Stationen des Wahnsinns, die Nathanael durchläuft, bis er im Selbstmord endet.

Methodisch wird diese Phase sehr lehrerzentriert laufen müssen. Die schwierige Materie ist m. E. nur mit relativ engen Impulsen und Fragestellungen zu erarbeiten.

In der *zweiten Phase* verstärken wir die Schüleraktivität. Sie sollen in Partner- oder Gruppenarbeit zwei Zusatztexte erarbeiten, die sich mit der Entstehung des Wahnsinns von unterschiedlicher Warte aus befassen. Die Sicherung der Ergebnisse in Thesenform bildet den Abschluß der Stunde.

Bernd Nitzschke: Gespaltenes Ich, gespaltene Experten
Ist die Schizophrenie nur ein medizinisches Kunstprodukt oder eine Krankheit?
In: „DIE ZEIT" Nr. 8, 13. 2. 1981, S. 66.

(...) Dem späteren Schizophrenen ist der Aufbau einer integrierten inneren Struktur versagt worden. Er hatte entweder keinen ausreichend stabilen Kontakt zu einer mütterlichen Bezugsperson in der frühen Kindheit – oder er wurde zu einer Lebensgemeinschaft, einem „symbiotischen Kontakt", gezwungen, den er damals nicht zu lösen vermochte. Dadurch blieb er autistisch auf sich selbst bezogen oder aber symbiotisch an eine Bezugsperson gebunden.

In späteren Belastungssituationen, denen Auslösungsfunktion zugeschrieben wird, bricht dann die Krankheit aus. Häufig sind es Trennungserlebnisse oder andere schwere Lebenskrisen, die jeden Menschen in eine emotionale Belastungssituation bringen, aber nicht bei allen zu einer Auflösung der Persönlichkeit führen.

Umstritten ist freilich, ob ein später schizophren werdender Mensch aus quasi angeborenen Ursachen den Kontakt zur mütterlichen Bezugsperson von sich aus nicht hat aufnehmen können – oder ob ihm dieser Kontakt durch eine „schizophrenogene" Mutter unmöglich gemacht worden ist. Die Kinderanalytikerin Margaret Mahler neigt nach langjährigem Studium der Mutter-Kind-Beziehung der ersten Auffassung zu. Der amerikanische Schizophrenie-Therapeut Harold Searles meint dagegen, der Schizophrene in spe werde systematisch krank, verrückt gemacht.

Für die zweite These sammelten Familienforscher viele Belege. Sie fanden in Familien von Schizophrenen ein ganzes Repertoire von Strategien, die darauf hinauslaufen, mindestens ein Mitglied der Familie verrückt zu machen. Die bekannteste dieser Strategien ist die sogenannte Double-Bind-Technik, die „Beziehungsfalle". In ihr ist das Kind ständig widersprüchlichen Informationen ausgesetzt: Verbal erfährt es beispielsweise, daß es geliebt wird, emotional und nonverbal wird ihm gleichzeitig signalisiert, daß es abgelehnt oder gar gehaßt wird.

Eine Verarbeitung solcher widersprüchlicher Botschaften ist offenbar nur schwer möglich. Sie rufen möglicherweise mehr als nur die typischen „Wahnwelten" hervor. Sie könnten auch tatsächlich die physiologische Basis der Informationsverarbeitung im Gehirn angreifen. Zwischen der soziogenetischen und der hirnphysiologischen Erklärung dieser Krankheit müßte also kein prinzipieller Widerspruch bestehen. (...)

Lienhard Wawrzyn: Der Automaten-Mensch
E. T. A. Hoffmanns Erzählung vom Sandmann. Wagenbach Verlag, Berlin 1976, S. 138ff.

Die Therapie des Wahnsinns
Clara war sehr heiter, weil Nathanael sie seit drei Tagen, in denen er an jener Dichtung schrieb, nicht mit seinen Träumen und Ahnungen geplagt hatte. Auch sprach Nathanael lebhaft und froh von lustigen Dingen wie sonst, so daß Clara sagt: „Nun erst habe ich dich ganz wieder, siehst du wohl, wie wir den häßlichen Coppelius vertrieben haben?" Da fiel dem Nathanael erst ein, daß er ja die Dichtung in der Tasche trage, die er habe vorlesen wollen. Er zog auch sogleich die Blätter hervor und fing an zu lesen: Clara, etwas Langweiliges wie gewöhnlich vermutend und sich darein ergebend, fing an, ruhig zu stricken. Aber so wie immer schwärzer und schwärzer das

düstre Gewölk aufstieg, ließ sie den Strickstrumpf sinken und blickte starrend dem Nathanael ins Auge. Den riß seine Dichtung unaufhaltsam fort, hochrot färbte seine Wangen die innere Glut, Tränen quollen ihm aus den Augen. – Endlich hatte er geschlossen, er stöhnte in tiefer Ermattung – er faßte Claras Hand und seufzte wie aufgelöst in trostlosem Jammer: „Ach! – Clara – Clara!" – Clara drückte ihn sanft an ihren Busen und sagte leise, aber sehr langsam und ernst: „Nathanael – mein herzlieber Nathanael! – wirf das tolle – unsinnige – wahnsinnige Märchen ins Feuer." Da sprang Nathanael entrüstet auf und rief, Clara von sich stoßend: „Du lebloses, verdammtes Automat!"

Verdrängungen aufheben
Es war in der Romantik Mode, in Versen auszudrücken, was man für die Geliebte empfindet. Nathanael tut das auch. Aber es wird keines der gewöhnlichen Liebesgedichte daraus, die nur solche Empfindungen in schöne Worte packen, die die Gesellschaft von einem Liebenden erwartet. Nathanael schreibt auch auf, was ihn bedrückt. Sein Gedicht handelt von verschlüsselten Vorbehalten, die er gegenüber seiner Verlobten hat. Und es handelt von einem anderen Mann, der mit diesen Vorbehalten und seiner Schwierigkeit, Clara uneingeschränkt zu lieben, ebenfalls etwas zu tun hat, ohne daß Nathanael genau weiß wie. (Erst Sigmund Freud hat in seiner Arbeit „Über das Unbewußte" dieses „Wie" herausgefunden. Er hat den unbekannten Mann enttarnt; siehe hier S. 141.) Offenbar versucht Nathanael, indem er dichtet, mit seinen Gefühlen ins Reine zu kommen, Verdrängungen aufzuheben. Soweit der Dichtung das gelingt, wirkt sie therapeutisch und löst die niedergedrückte Stimmung. Zugleich wirkt sie gesellschaftskritisch, weil sie die Verhältnisse anspricht, die das Individuum und seine seelische Erkrankung mitgestalten.
Am Verhalten Claras wird nun deutlich, daß diese Art von Dichtung unerwünscht ist. Die Verlobte fordert ihren Liebhaber auf, das „tolle, unsinnige, wahnsinnige Märchen ins Feuer" zu werfen. Es ist ihr zu fremdartig und nachttraumhaft. Das Gedicht soll in den Ofen geworfen und eingeäschert werden. Diese Aufforderung zur Verdrängung ist selber krankhaft. Sie verweist darauf, daß auch Clara in ihrem Unterbewußtsein von den Versen berührt wird. Denn nicht das Gedicht müßte man vernichten, sondern das Leiden aufheben. Claras Verhalten steht stellvertretend für eine Gesellschaft, die dazu neigt, seelische Erkrankungen so zu erklären, daß sie nicht auf das Konto der Gesellschaft gehen, sondern ein Problem sind, das jeder selber zu verantworten hat. Ähnlich ist auch Kunst nur dann erwünscht, wenn sie einzelne moralische Einstellungen kritisiert, nicht aber soziale Verhältnisse.
Mit ihrer Aufforderung, das Gedicht zu verbrennen, tritt Clara als Agentin der bürgerlichen Gesellschaft auf, die von ihren Mitgliedern verlangt, daß sie Askese üben und dazu vorbezeichnete Teile der Realität leugnen. Nathanael antwortet auf diesen Konformismus empfindlich. Er bezeichnet das Bürgermädchen, das ihn auffordert, die Ängste zu verdrängen, als „lebloses, verdammtes Automat". Automaten sind von außen in Bewegung gesetzt: Federn und Räder bestimmen, wie sie gehen. Er spricht damit einer jungen Frau, die voll und ganz zu den normalen Bürgern zu rechnen ist, die Subjektivität ab, das heißt das Denken und Fühlen und die Fähigkeit, über sich selber zu reflektieren und selbstbestimmt zu handeln. Und das Bürgertum ist ja historisch auch Entdeckerin und Erforscherin der Subjektivität.

Offenbar spüren die Romantiker, daß zu ihrer Zeit, wo allmählich die Wirtschaft industrialisiert wird und dazu Kapital angehäuft, d. h. eisern gespart werden muß, daß das Subjekt umgebaut wird. Es soll mehr Forderungen der asketischen Gesellschaft in sich hineinnehmen; sein Gefühls- und Handlungsspielraum schrumpft, Abweichungen werden folgenschwerer. Für den angehenden Physiker und Freizeitdichter Nathanael erweist sich Subjektivität darin, daß man bereit ist, sich in die Nachtzonen der Gesellschaft vorzuwagen, in jene Bereiche, die man nur betreten kann, wenn man gegen Denk- und Fühlverbote und Erwartungen anderer verstößt, statt den sozialen Normen zu gehorchen und mit dem Gedicht auch die Konflikte einzuäschern.

Soziale Normen, denen man sich ohne Widerstand beugt, sind die Federn des menschlichen Automaten. Der künstlerische Therapieversuch besteht in der Aufhebung dieser Blindheit. Hinter Nathanaels Melancholie und daran, wie die normale Frau auf sie reagiert, wird die Normalpathologie sichtbar.

19. Stunde:
Wahnsinn: Infantile Regression oder subversive Potenz?

Die letzte Stunde zum „Sandmann" soll ausgehend von der Überprüfung der beiden Hypothesen über den Wahnsinn am Text in einer zusammenfassenden Schlußdeutung unserer Erzählung enden. Zum Beginn faßt der Lehrer die beiden Erklärungsansätze nochmals zusammen und fragt dann nach Parallelen in der Erzählung. Dieses deduktive Verfahren erscheint hier angebracht – obwohl induktives Vorgehen für die Schüler meist fruchtbarer ist –, weil die Schüler nicht über den nötigen Wissensstand verfügen können, um von den Anhaltspunkten im Text aus den Mechanismus der Entstehung von Wahnsinn erklären zu können. Damit wäre ein Schizophrenie-Forscher fast überfordert. Durch ständige Hinweise auf den Text erarbeiten wir, welche Parallelen die Genese des Wahnsinns bei Nathanael mit den wissenschaftlichen Theorien aufweist. Auch hier muß sich der Lehrer auf kleinschrittiges Fragen gefaßt machen, da nur so die Schüler bei diesen schwierigen Fragen zu sinnvollen Resultaten kommen.

Der erste Text stützt sich auf neuere Schizophrenieforschungen, nach denen man einen Ansatz für die Erforschung der Krankheitsursachen in der intersubjektiven Konstellation der Familie – während der ersten Lebensjahre des späteren Kranken – gefunden zu haben glaubt. Durch empirische Untersuchungen fand man typische „schizophrenogene" Beziehungsstrukturen vor, die sog. „Double-Bind-Technik" oder „Beziehungsfalle". Sie besagt, daß das Kind infolge widersprüchlichen Verhaltens der Bezugsperson keine eindeutigen emotionalen Signale erhält. Eine Verarbeitung solcher widersprüchlicher Botschaften ist offenbar nur möglich unter der Herausbildung typischer Wahnwelten. Die Zerlegung des Vaters in einen guten und einen bösen Teil könnte bei Nathanael auf solche widersprüchlichen „Zuwendungen" des Vaters zurückzuführen sein. Sie führen auf der frühen Stufe der „Krankheits"-Geschichte noch zur Flucht in die Krankheit (als Nathanael die Dominanz der bösartigen Vaterseite schmerzlich am eigenen Leibe erfährt, S. 9/10). Später greift bei ihm die düstere Traumwelt, der Wahn immer mehr Platz: „Alles, das ganze Leben war ihm Traum und Ahnung geworden" (S. 21); in seiner Dichtung bricht sich dann der erste Wahnsinnsanfall Bahn (S. 23).

Auch für die Auffassung des zweiten Autors gibt der „Sandmann"-Text Anhaltspunkte.

Wie wir in der 17. Stunde herausgefunden haben, knüpft sich Nathanaels Vorstellung vom strafenden, grausamen Vater an die Verbote, die dieser über die Sexualität des Sohnes verhängt zu haben schien. Aus Angst vor Bestrafung (= Kastration als schlimmste Strafe) verdrängt der Sohn sowohl die sexuellen Begierden als auch die gegen den Vater aufkeimenden aggressiven Regungen. In den Werken, die Nathanael dichtet, scheint etwas von dem Verdrängten aufgehoben bzw. freigesetzt worden zu sein. Zumindest läßt die überzogene Reaktion Claras darauf schließen: sie rät ihm, „das tolle, unsinnige, wahnsinnige Märchen" ins Feuer zu werfen. Die Reaktion Nathanaels ist bemerkenswert. Er stößt Clara mit den Worten von sich: „Du lebloses, verdammtes Automat" (25). Er spricht damit der jungen Frau die Subjektivität ab, die Fähigkeit, menschlich zu fühlen. Er verleiht ihr das Signum dessen, das von außen gelenkt ist, das funktioniert wie das Räder- und Hebelwerk eines Automaten.

Eine weitere Bestätigung für die These des zweiten Zusatztextes findet man in der Tatsache, daß der Wahnsinn gerade dann mit Vehemenz ausbricht, als Nathanael sein Liebesobjekt verliert (Verlust Olimpias, S. 38; Claras durch das Dazwischentreten von Coppelius – alias Vaterimago, S. 42).

Daß sich im Urteil der Beteiligten der Zustand Nathanaels während seines Dichtens sichtlich bessert (S. 24), hängt wohl damit zusammen, daß er dort die Tabus zur Sprache bringt, die die väterliche Drohung und das strenge Über-Ich in ihm aufgerichtet haben. Insofern ist Dichten für ihn ein Sich-etwas-von-der-Seele-Schreiben im wörtlichen Sinne, es wirkt therapeutisch. Daß es für fremde Ohren schockierend sein muß, kann jeder nachempfinden, der jemals Protokolle therapeutischer Sitzungen gelesen

hat, die ja für die Patienten eine ähnlich reinigende Funktion haben wie das Dichten für Nathanael.

Die *zweite Phase* dieser Stunde führt uns zur abschließenden Deutung des „Sandmann". Den Schlüssel dazu gibt uns die Frage nach der Bedeutung der Puppe Olimpia für Nathanael. Daß Nathanael sie sich als Liebesobjekt wählt, ist nicht nur sichtbarer und sinnfälliger Ausdruck des Realitätsverlustes, sondern – psychoanalytisch gesehen – eine infantile Regression. Am Beispiel des Umgangs, den Kinder mit Puppen haben, kann man den Schülern die Art der Regression erklären. Kinder gehen mit leblosen Gegenständen um wie mit beseelten Wesen. Bei Puppen erproben sie auf ihrer eigenen kindlichen Stufe den Umgang mit Lebendigem, das ihnen jedoch keinerlei Widerstände entgegensetzt, weil es eben nicht lebendig ist. Dieser einfache, direkte Umgang mit dem Liebesobjekt macht das Regressive aus. Es geht Nathanael um die erotische Bedürfnisbefriedigung ohne die Widerstände und Einschränkungen, die der lebendige Partner wie das Leben schlechthin immer bereithalten. Daß Nathanael seine Braut verbal auf dieselbe Stufe stellt wie die tote Puppe („Du lebloses, verdammtes Automat!", S. 25), zeigt uns, wie groß das Ausmaß dessen sein muß, was den Verdrängungen anheimgefallen ist und was der realen Befriedigung im Seelenleben Nathanaels noch harrt.

Wenn wir diesen Ansatz noch auf die kulturhistorische Ebene heben, die der zweite Autor mit seinen Thesen intendiert, dann ergibt sich hinsichtlich des Wahnsinns ein überraschender emanzipatorischer Aspekt. Man könnte den Wahnsinn Nathanaels also auch als eine subversive Kraft deuten, die sich dem angepaßten Funktionieren als radikale, utopische Welt entgegensetzt. Der Wahnsinn wäre mithin das Medium, in dem und durch das der Romantiker die Denk- und Fühlverbote seiner Zeit durchbricht und in den Nachtzonen der Gesellschaft neue Möglichkeiten für eine reiche Individualität sichtbar macht.

Während im Mittelalter der Wahnsinn als Besessenheit betrachtet wurde (irgendeine geheime Macht oder das Böse hat von einer Person Besitz ergriffen), führen die wissenschaftsgläubigen und aufklärerischen Kreise zu Hoffmanns Zeit den Wahnsinn auf physiologische Reaktionen zurück. Der Wahnsinn ist nach diesen Theorien die Reaktion auf übermäßige leibliche, besonders sexuelle Genüsse. Wenn Nathanael in dem Moment wahnsinnig wird, als er erkennt, daß er eine Puppe geliebt hat, spricht er eine Wahrheit aus, die im Leben damals wie heute verdrängt wird, die nur im Wahnsinn thematisiert werden kann. Insofern ist die Psychose die letzte und äußerste Möglichkeit, der Unterdrückung der körperlichen Wünsche und Begierden zu begegnen. Er ist der verschlüsselte Schrei nach Selbstverwirklichung.

Die These von der subversiven Potenz des Wahnsinns wird zweifellos in eine aktuelle Diskussion über Geisteskrankheiten einmünden. Dieses Thema ist den meisten Schülern durch eine Fülle von Veröffentlichungen in den Medien recht geläufig. Sollte der Lehrer noch etwas Zeit für diese Sequenz der Einheit aufwenden können, sollte er mit den Schülern gemeinsam den Film „Ich habe dir keinen Rosengarten versprochen" nach einer Buchaufzeichnung über die Schizophrenie eines jungen Mädchens ansehen. Dieser Film zeigt sehr eindringlich, wie reichhaltig das Maß an Sinnlichkeit ist, das in der Psyche eines Mädchens verschüttet worden ist und sich nur noch im Wahn zu artikulieren vermag. In einem schroffen Kontrast zu diesen wahnhaften Lebensäußerungen stehen die zwanghaften Verstümmelungen, die das Mädchen – quasi symbolisch – ihrem Körper zufügt.

James Joyce, Eveline

Didaktische Vorbemerkung:

Diese Erzählung erscheint auf den ersten Blick als recht einfach und anspruchslos. Bei näherem Hinsehen entdeckt man jedoch hinter der inhaltlichen und stilistischen Kargheit, die mehr andeutet als ausmalt, eine Tiefenschicht, die gerade die Psychoanalytiker unter den Literaturwissenschaftlern auf diese Erzählung hätte aufmerksam machen müssen, was meines Wissens nicht geschehen ist. Diese Erzählung ist die letzte in unserer Reihe „Versuche über den Vater". Im Gegensatz zu den vorausgehenden Erzählungen wird hier die Geschichte eines Mädchens, einer Tochter thematisiert. Im Unterschied zu den Vater-Sohn-Geschichten, in denen Mädchen immer nur als Geliebte der Hauptfigur „Sohn" eine allzu oft sehr spärliche Rolle spielen, wird hier die Lebensproblematik eines Mädchens in den Mittelpunkt gerückt. Dies ist nicht nur vom fachlichen Standpunkt her interessant (weibliche Variante des Ödipuskomplexes), sondern gibt den Mädchen im Kurs endlich einmal Gelegenheit zu einer direkteren Identifikation.

In dieser Erzählung verquicken sich gesellschaftlich-soziale mit familiären und individuellen Merkmalen zu einem Motivganzen, das zu entwirren den Reiz dieser Erzählung ausmacht. Da diese Erzählung am *Ende* eines übergreifenden Motivzusammenhanges (Vater) steht, wäre es denkbar, daß der Lehrer hier relativ starkes Gewicht auf die selbständige Arbeit der Schüler legt, um den Stand des Wissens und der Fertigkeit zu überprüfen.

20. Stunde:
Ausbruchsversuch eines Mädchens / Sehnsucht nach „Leben, Liebe, Glück"

Voraussetzung für die Besprechung ist die präzise Textkenntnis. Wir überprüfen sie am besten, indem wir einzelne Schüler auffordern, die Handlung kurz wiederzugeben. Dabei kann man von der inneren Gliederung ausgehen: Die Erzählung spielt an zwei Schauplätzen. Am Fenster von Evelines Zimmer und am Bahnhof. Dazwischen angesiedelt sind Reflexionen und Rückblicke, die in Form von erlebter Rede gestaltet sind. Wir fassen gemeinsam das Thema dieser Erzählung zusammen: „Eveline" ist die Geschichte eines gescheiterten Weggangs aus dem Elternhaus, einer nicht gelungenen Ablösung von vertrauten Verhältnissen und speziell vom Vater.

Als nächsten Schritt fordern wir die Schüler auf, selbst Wege der Interpretation anzugeben, bzw. das Ziel unserer Analyse zu bestimmen. Es wird den Schülern nicht schwer fallen, den richtigen Weg anzugeben: Es geht um die Gründe für das Scheitern der „Flucht" von zu Hause in die Fremde.

Die Gründe können – so die voraussichtlichen Schülerantworten – sowohl in *äußeren Faktoren*, im Milieu begründet sein; aber auch in der *Person Evelines*. Letzteres ist das eigentliche Untersuchungsfeld der Psychoanalyse; aber wir verschließen uns hier den sozialen Faktoren nicht, da sie offensichtlich sehr stark ins Geschehen hineinspielen.

Im letzten Analyseschritt dieser Stunde versuchen wir die Hoffnungen und Erwartungen zu ergründen, die Eveline mit ihrem Weggang verbindet. Drei Begriffe stehen im Mittelpunkt ihrer Hoffnungen: Leben, Liebe, Glück. Durch Heirat würde sie die Achtung der Umwelt erhalten. Sie möchte der beklemmenden und unfrei machenden Enge

entkommen (strenger Vater/materielle Abhängigkeit, Schikanen der Mitarbeiterinnen). Die in dieser Phase notwendige Textarbeit leisten wir im gelenkten Unterrichtsgespräch.

21. Stunde:
Bindung an den Vater und Angst vor dem Neuen

In der ersten Stunde haben wir die Erwartungen untersucht, die Eveline hegt, wenn sie an Weggang denkt. In dieser Stunde untersuchen wir, was Eveline an ihre gewohnte Umgebung fesselt. Wir fragen nach den Gründen für das Scheitern der „Flucht". Wir schlagen den Schülern an dieser Stelle die Weiterarbeit in Form von *arbeitsteiliger Gruppenarbeit* vor und fordern sie auf, aufbauend auf das schon Analysierte die Arbeitsaufträge für die Arbeitsgruppen selbst zu entwickeln. Folgende Untersuchungsaufträge wären denkbar:

AG 1: Wie wird das Milieu beschrieben?

AG 2: Welche Hinweise auf äußere Beweggründe für das Scheitern der „Flucht" enthält der Text?

AG 3: Welche inneren Beweggründe in der Person Evelines werden angeführt?

Als Arbeitszeit für die Gruppen muß je nach Arbeitsvermögen eine Zeit von 10 bis 15 Minuten berechnet werden. Im Anschluß sammeln wir die Ergebnisse an der Tafel (s. Stundenblatt).

Als nächsten Schritt stellen wir den Konflikt, in dem sich Eveline befindet, graphisch dar. Jeweils zwei Gegensatzpaare verkörpern in reziproker Weise die beiden „Welten", zwischen denen Eveline hin- und hergerissen wird. Enge und Unfreiheit stehen in der Heimat Geborgenheit und Vertrautheit gegenüber, während die Fremde mit einem erfüllten Leben, aber auch mit Ungewißheit und Unvertrautem lockt. Man sieht anhand des Schemas, daß sich, wenn man so will, gleichgewichtige Motive gegenüberstehen. Daß Eveline schließlich den beharrenden Gründen den Vorrang einräumt, daß sie sich für die Bindungen entscheidet und nicht für die Trennung, erhellt sich mit unserem bisherigen Wissen um Eveline noch nicht. Auch in dieser Phase des Unterrichts sollte die Initiative der Schüler herausgefordert werden. Z.B. könnte ein Schüler versuchen, das Konfliktschema an der Tafel zu entwerfen. Diese Stunde mündet in die Frage nach den uns bisher verborgen gebliebenen Motiven Evelines, die sie für ihr Verharren im Gewohnten hat. Die Frage an die Schüler, wo sie beim Auffinden dieser Motive ansetzen würden, führt – dem psychoanalytischen Axiom gemäß – zur Analyse der Bindungen, die Eveline an die beiden zentralen Personen, den Vater und den Freund, hat. Das an der Tafel entworfene dreipolige Schema gibt den Untersuchungsgegenstand für die nächste Stunde an.

22. Stunde:
Traumatische Vateridentifikation/Opfersinn / Angsthysterie

In dieser Stunde nehmen wir den Faden der letzten Stunde wieder auf und wenden uns den drei Hauptpersonen zu. Dabei dringen wir in die Tiefenschichten der Beziehung Evelines zu den beiden Männern ein, die die beiden Welten verkörpern: der Vater das vertraute Heim, der Freund Frank die Ferne.
Der personale Erzählstil von Joyce, der sich des Blickwinkels Evelines bemächtigt, erlaubt es uns, das Portrait der beiden Männer, das im Text entworfen wird, als das ihrige zu betrachten. Oft genug erscheint die Charakterisierung der beiden Figuren innerhalb der erlebten Rede Evelines.

Die Analyse der Personenportraits muß sehr sorgfältig und textnah geschehen, da der Andeutungsstil von Joyce die Personen nur umrißhaft zeichnet. Als Sozialform wählen wir wieder die *Gruppenarbeit*, und zwar mit vier unterschiedlichen Arbeitsaufträgen:
AG 1: Portrait des Vaters
AG 2: Portrait des Freundes
AG 3: Verhältnis Evelines zum Vater
AG 4: Verhältnis Evelines zum Freund

Die Ergebnisse der Arbeitsgruppen werden stichpunkthaft an der Tafel festgehalten. Dabei ist darauf zu achten, daß möglichst die konkreten Formulierungen aus dem Text mit übernommen werden, da einige davon symbolhafte Bedeutung gewinnen werden (z.B. der „Schwarzdornstock"). Die abstraktere Benennung der Personen kann unter Umständen auf der anderen Tafelseite geschehen (z.B. Vater: patriarchalisch).

Die *Auswertung* der Resultate und die eigentliche Deutung geschieht im *freien Unterrichtsgespräch*. Hier sollte der Lehrer darauf achten, daß die Intuition und Phantasie der Schüler zum Zuge kommen; er sollte allenfalls versuchen, spekulative Ansätze an den Tatbeständen, die der Text liefert, zu messen.
Der *Vater* stellt sich überwiegend als ein Prototyp des patriarchalischen Familienoberhauptes dar. Seine Gewalttätigkeiten und seine Bevormundungen scheinen nur partiell durch freundliches und geselliges Verhalten unterbrochen zu werden.
Frank verkörpert den dynamisch-männlichen Draufgänger, der das Abenteuer liebt und das volle Leben sucht und genießt.
Das *Verhältnis Evelines zum Vater* ist ausgesprochen gefühlsambivalent. Sie haßt ihn wegen seiner gewalttätigen Art und wegen des unfreien Lebens, das er ihr aufzwingt. Auf der anderen Seite möchte sie ihn wegen seines fortschreitenden Alters nicht allein zurücklassen. Interessant ist die Formulie-

rung, die sie in diesem Zusammenhang benutzt: „er würde sie vermissen". Sie denkt von ihm, nicht von sich aus. Pflichtgefühl bestimmt ihr Handeln, nicht ihre Bedürfnisse.

Interessant ist ihre *Beziehung zu Frank*. Sie erwartet von ihm in erster Linie, „daß er sie rettet." Durch die Heirat mit ihm hofft sie auf die Anerkennung ihrer Umgebung. Sie sieht ihre Rolle in der Liebesbeziehung passiv. „Sie wollte sein Weib werden." Von Liebe ist nur zaghaft und beinahe dementierend die Rede: „. . . und dann hatte sie ihn auch bald geliebt." Sie erwartet von Frank in erster Linie Schutz und Geborgenheit: „Frank würde sie in seine Arme nehmen, sie in seine Arme hüllen."

Hier halten wir ein und versuchen die Befunde, die die Textarbeit ergeben hat, zu ordnen und zu überblicken.

Eveline stellt sich uns als passives, pflichttreues und wenig selbstbewußtes Mädchen dar, das in ihrer Verbindung zu Frank die Chance sieht, zum ersten Mal sich im Leben zu verwirklichen. Die Grundlage ihrer Verbindung zu Frank ist jedoch – zumindest von ihrer Seite aus – nicht Liebe oder Leidenschaft, sondern die Suche nach einem Retter und Beschützer. Sie ist in gewisser Weise liebesunfähig, wirkt wie gelähmt. Unterstrichen wird dieser Eindruck durch Textpassagen wie:

„saß am Fenster"/„Sie war müde"/„Sie stand . . ."/„Sie antwortete nichts"/„passiv wie ein hilfloses Tier"/„keine Liebe".

Man geht wohl nicht zu weit in der Vermutung, daß ihre Beziehung zum Vater für ihre Liebesunfähigkeit und ihre Passivität verantwortlich ist. Das Kindheitserlebnis mit dem einen „Schwarzdornstock" schwingenden Vater, der die spielenden Kinder vertreibt, mutet fast symbolisch an für die Art, wie ihr der Vater bedrohlich zu sein schien (daß hier die Erinnerung an das Phallussymbol mitschwingt, sei nur am Rande erwähnt). Der Vater, ein Abbild des autoritären

Charakters (Fremdenhaß/patriarchalische „Kommandostruktur" in der Familie) hat ihrer Mutter ein „jämmerliches Leben" aufgenötigt und ist dabei, dies an ihr selbst zu vollziehen. Die seelischen Verstümmelungen, die an ihr angerichtet worden sind, lassen Protest und Widerstand nur noch als resignierende Schwäche zu. Sie ahnt wohl auch, daß der Mann, mit dem sie fliehen will, für sie zu stark, zu dominant ist, daß sie ihm nicht ebenbürtig und nicht gewachsen sein würde: „Er würde sie retten . . ." – „er würde sie in den Grund reißen". Er: spontan, intensiv lebend; Sie: passiv, gehemmt.

Psychoanalytisch gesprochen hat sich bei Eveline der frühkindliche Identifikationsprozeß mit dem Vater in negativer, vielleicht traumatischer Weise vollzogen. Passivität, moralische Strenge und die Unfähigkeit, wirklich zu lieben, mögen die Ausdrucksformen dieser unglücklichen Vateridentifikation sein. Freud hat gezeigt, daß Mädchen, die in ihrer femininen Ödipuseinstellung verbleiben, später ihren Mann nach väterlichen Eigenschaften wählen und bereit sind, seine Autorität anzuerkennen. Frank wäre als der dem Vater entgegengesetzte Typus eine ständige Bedrohung ihres labilen Ichs gewesen. Das Verbleiben beim Vater verheißt ihr Sicherheit, innere Stabilität – der lockende Ruf Franks signalisiert ihrem Inneren höchste Gefahr:

Gegen Ende der Erzählung streift ihr Verhalten den Zustand der Angsthysterie: „Von plötzlicher Angst gepackt . . ."/„Mit beiden Händen packte sie das äußere Gitter"/„Wie wahnsinnig packten ihre Hände das Eisen. Aus all den Meeren heraus schrie sie einen Angstschrei!" „In ihren Augen war nichts."

Es ist die Geschichte einer gescheiterten Ablösung vom Vater.

Versuche über Sexualität und Sinnlichkeit

Didaktische Vorbemerkung

Diese Überschrift über dem nächsten Kursabschnitt könnte verwunderlich erscheinen, wenn man bedenkt, daß die Psychoanalyse nahezu *alle* menschlichen Konflikte auf Sexualität, oder genauer: auf libidinöse Triebschicksale zurückführt. Bei der Behandlung der Vater-Problematik im letzten Abschnitt haben wir gesehen, wie erotische Energien im weitesten Sinne gefesselt wurden durch Über-Ich-Strukturen, die aus frühkindlichen ödipalen Verstrickungen herrührten. Diese Lähmungen umfaßten nicht nur die Sexualität im engeren Sinne (obwohl einige der Erzählungen um das Thema „Ehe" kreisten), sondern Lebensenergien und Lebenslust generell (drei Hauptpersonen der Erzählungen enden im Freitod!). In dem folgenden Abschnitt nun befassen wir uns mit Liebe, Sexualität und Erotik im eigentlichen und eingegrenzten Sinne. In einem Text wird der Begriff allerdings wieder psychoanalytisch weiter gefaßt verwendet („Frische Fahrt").

Alle *Texte* der beiden letzten Kursabschnitte sind *Gedichte*. Es ist bestimmt nicht zufällig, daß sich Gedanken über Liebe und – als anderer Lebenspol – Tod gehäuft in Gedichten finden. Lyrik gilt gemeinhin als die persönlichste und privateste sprachliche Mitteilungsform, aber auch als diejenige, die sich des interpretatorischen Zugriffs am meisten verschließt, weil es – und hier zitieren wir Benn – zum Wesen der Lyrik gehört, daß der „Lyriker ... seine Gedichte abdichten (muß) gegen Einbrüche, Störungsmöglichkeiten". Eine eigenartige Ambivalenz ist dem Gedicht eigen. „An niemanden gerichtet" (Benn), übt es dennoch auf den Leser eine Faszination aus, die die gewollte Einsamkeit des Gedichtes durchbricht. In keinem anderen sprachlich-literarischen Gebilde sind

Stoff und Form so ineinander verwoben wie im Gedicht. Benn: „ ... die Form *ist* ja das Gedicht". Die psychoanalytische Betrachtung der Literatur hat sich der Lyrik seit ihrer Entstehung immer sehr angenommen, galt sie ihr doch als weitgehend authentische Konfession des Dichter-Ichs, als „via regia" in die Seelenverfassung des Dichters. Daß dabei oft die ästhetischen Eigentümlichkeiten des Werkes, das Formganze vernachlässigt oder glatt übersehen wurden, hat den Wert dieses Zugangs erheblich gemindert und die Vorbehalte der Fachwissenschaft gegen die Psychoanalyse verstärkt. Oft genug wurden zudem schwächere, die Trivialität streifende Gedichte zum Analysegegenstand gewählt, weil sich hier Inhaltliches unverstellt von formaler Transformation dem Blick darbot.

Bei der Auswahl der Gedichte wurde auf drei Faktoren geachtet: Es sind Gedichte, bei denen ein psychoanalytischer Zugang möglich erscheint, ohne gewalttätig verfahren zu müssen; es sind Gedichte von literarischem Rang – mit einigen Abstrichen vielleicht beim Rilke-Gedicht –, und es sind Gedichte, bei denen die Schüler lernen können, daß „der Weg zum Gedicht immer auch ein Weg über die Form" ist (B. v. Wiese).

Beim Rilke-Gedicht und bei den Heine-Gedichten wollen wir den besonders umstrittenen autobiographischen Ansatz, d. h. die Behandlung des Textsubjekts als Ausdruck der Phantasien des Autors, mittels kurzer Zusatztexte von Kritikern dieses Freud-Axioms einer Kritik unterziehen.

Drei Aufsätze über Lyrik bringen nützliche Einsichten in die Funktion des lyrischen Sprechens:
– Gottfried Benn, Probleme der Lyrik, in: „Literatur", Lese- und Arbeitsbuch für den Deutschunterricht auf der Oberstufe, Bd. 2, Frankfurt/M. 1975 (Hirschgraben-Verlag), S. 59 ff.

– Benno von Wiese, Brauchen wir noch
Gedichte? In: Das Gedicht. Eine Samm-
lung von B. v. Wiese, Frankfurt/M. 1977,
S. 7–13.

– Th. W. Adorno, Rede über Lyrik und
Gesellschaft, in: Noten zur Literatur I,
Frankfurt/M. 1969, S. 73 ff.

Rilke, Von den Mädchen II

Rainer Maria Rilke
Von den Mädchen II

Mädchen, Dichter sind, die von euch lernen,
das zu sagen, was ihr einsam seid;
und sie lernen leben an euch Fernen,
wie die Abende an großen Sternen
sich gewöhnen an die Ewigkeit.

Keine darf sich je dem Dichter schenken,
wenn sein Auge auch um Frauen bat;
denn er kann euch nur als Mädchen denken:
das Gefühl in euren Handgelenken
würde brechen von Brokat.

Laßt ihn einsam sein in seinem Garten,
wo er euch wie Ewige empfing
auf den Wegen, die er täglich ging,
bei den Bänken, welche schattig warten,
und im Zimmer, wo die Laute hing.

Geht! . . . es dunkelt. Seine Sinne suchen
eure Stimme und Gestalt nicht mehr.
Und die Wege liebt er lang und leer
und kein Weißes unter dunklen Buchen, –
und die stumme Stube liebt er sehr.
. . . Eure Stimmen hört er ferne gehn
(unter Menschen, die er müde meidet)
und: sein zärtliches Gedenken leidet
im Gefühle, daß euch viele sehn.

Rilke, Werke in drei Bänden, Bd. 1, Insel Verlag, Frankfurt/M. 1966, S. 131.

23. Stunde:
„Laßt ihn einsam sein" – Das Bild des egozentrisch-narzißtischen Dichters

Das Gedicht entstammt dem Zyklus „Buch der Bilder" und wurde im Jahre 1900 in Worpswede gedichtet. Im Umkreis des Gedichtes stehen zahlreiche andere, in denen von Liebe, von Frauen die Rede ist. Es war die Zeit, in der Rilke zwei Frauen zugetan war, der Malerin Paula Becker und Clara Westhoff, seiner späteren Frau. In merkwürdiger Unentschiedenheit kreisen die Gedichte und Briefe aus der Worpsweder Zeit um die Huldigung an diese beiden Frauen, die er an anderer Stelle auch „Schwestern" nennt. In diesem Gedicht nimmt Rilke sein geliebtes Mädchen-Motiv wieder auf und verarbeitet es in einem fast programmatischen Gedicht über die Antinomie von Dichtertum und Leben.

Wir beginnen die Interpretation des Gedichtes mit einer strophenweisen Rekapitulation des Inhalts, den wir stichpunkthaft an der Tafel festhalten. Die Methode, in der dies geschieht, ist das *gelenkte Unterrichtsgespräch*. Anhand des erstellten Tafelbildes erkennen die Schüler das zentrale Thema des Gedichtes: das Verhältnis des Dichters zu den Frauen, die für das Leben schlechthin stehen.

Um alle Facetten dieses Verhältnisses zu erfassen, soll in *Gruppenarbeit*, bei der alle Gruppen die gleiche Aufgabe bearbeiten, ein Persönlichkeitsbild des lyrischen Sprechers, der hier in Gestalt des „Dichters" in der 3. Person auftritt, erstellt werden. Hierbei sollen die Schüler selbständig versuchen, die festgehaltenen Merkmale in allgemeine Begriffe zu fassen. Dieser Anspruch scheint angemessen, wenn man bedenkt, daß dieses Verfahren schon mehrere Male gemeinsam im Unterricht praktiziert worden ist. Auf Hilfestellung bei den einzelnen Gruppen

sollte der Lehrer sich allerdings gefaßt machen. Am Ende der Stunde steht die Erstellung der zweispaltigen Tabelle an der *Tafel*. Die Schlußfolgerungen können aus zeitlichen Gründen erst in der nächsten Stunde gezogen werden.

24. Stunde:
Idealisiertes Frauenbild und Angst vor dem Eros / Sublimierung oder Triebabwehr (Rationalisierung)? / Die Unfähigkeit zu lieben

In dieser Stunde soll sich die psychoanalytische Bewertung des Persönlichkeitsbildes anschließen. Im *gelenkten Unterrichtsgespräch* erfragen wir durch eine Reihe von Impulsen die psychischen Zusammenhänge, die der Äußerungsform des Charakters zugrunde liegen, wie sie sich uns im Gedicht darstellt. Das methodische Vorgehen mag einigen als sehr gesteuert und lehrerzentriert erscheinen. Dies scheint mir hier jedoch ein angemessenes Verfahren zu sein, da wir uns hier stofflich auf dem Gebiet der Seelenlehre bewegen, auf dem äußerst feine Unterscheidungen zu treffen sind (z.B. zwischen Sublimierung und Abwehr), die den Schülern einfach fremd sein müssen. Sie auf unbekanntem Terrain lang suchen zu lassen, ohne daß sie „fündig" werden können, erscheint mir als das größere Übel und als sehr motivationstötend.

Hier in Kürze und sehr komprimiert die fachlichen Überlegungen, die wir den Fragestellungen dieser Unterrichtsphase zugrundelegen:

Der „Dichter" erscheint hier als in sich selbst versunkener, narzißtischer Mensch, der zur Objektliebe, zur Heterosexualität nicht fähig ist. Ein eigenartig überhöhendes, idealisierendes Frauenbild ist gepaart mit dem Gestus der Sublimierung und Vergeistigung des Sexuellen („er kann euch nur als Mädchen *denken*"/„zu *sagen,* was ihr einsam seid"). Der in sich selbst versponnene Narzißmus ist die Haltung, in der eine Lösung des Ich-Es-Konfliktes möglich und erträglich scheint. P. von Matt versucht den Ursachen dieses Narzißmus auf die Spur zu kommen:

„Man kann das (Gedicht) lesen als ein geradezu klinisches Psychogramm jenes egozentrischen Ich, zu dessen Symptomatik die Vorstellung gehört, es werde von allen Frauen geliebt, und das – um dieser Vorstellung willen und um sein Tagtraum-Glück zu erhalten – einen leidvollen Grund dafür finden muß, daß es keiner einzelnen Frau auf die Dauer angehören kann." (Peter von Matt, Literaturwissenschaft und Psychoanalyse. Eine Einführung, Freiburg 1972, S. 91, 92.)

Hier erscheint der Rückzug ins Dichterische als reine *Rationalisierung* und nicht als gelungene *Sublimierung.* Man erinnere sich, was Freud unter Rationalisierung versteht: die tendenziöse Rechtfertigung von Handlungen, deren tatsächliche Motivation unbewußt bleibt. Was wäre dann der wahre Ursprung des narzißtischen Rückzugs? Auch hierfür gibt das Gedicht Anhaltspunkte: Der Dichter leidet darunter, daß die Frauen, die er zurückweisen zu müssen glaubt, anderen Männern gehören sollen. (Auffällig ist hier das alte biblische Bild vom „Sehen" = sexuell besitzen). Der Trieb existiert fort; er hat keine Befriedigung in einem Ersatzobjekt gefunden, wie es bei der Sublimierung der Fall ist. Bei der Sublimierung wird die Triebbefriedigung nicht blockiert, sondern verlagert auf andere Triebziele (z.B. orale Triebe bei Rednern oder Sängern), während die Triebabwehr den inkriminierten Trieb lediglich zurückdrängt, ihn *verdrängt,* ohne ihn ganz ausschalten zu können. Die Sublimierung ist also ein *Mechanismus der Ichbefreiung,* während die Abwehr die Bedrohung des Ichs durch den verdrängten Trieb nie dauerhaft auszuschalten vermag. Im Gedicht wäre also, wenn man dieser Logik folgt, der Ursprung für den narzißtischen Rückzug, die Unfähigkeit zu lieben, bei gleichzeitig fortbestehendem Wunsch, dies zu tun. Es fällt nicht schwer, das idealisierte und mutter- bzw. engelhaft stilisierte Frauenbild für dieses Manko verantwortlich zu machen.

In der Stunde gehen wir von den beiden zentralen Charaktermerkmalen aus, die sich aus der Textarbeit in der ersten Stunde ergeben haben: der narzißtischen Egozentrik und dem idealisierten Frauenbild. Wir halten diese beiden Merkmale an der Tafel fest. Im anschließenden Unterrichtsgespräch müssen wir versuchen, diese beiden Aspekte vor dem Hintergrund psychoanalytischer Kenntnisse miteinander zu vereinen. Da die Schüler inzwischen wissen, daß die Charaktere der Erwachsenen laut Freud im wesentlichen auf frühkindliche Prägungen zurückgehen, werden sie sich die Frage stellen, wie die Erziehung des „Dichters" beschaffen gewesen sein muß, daß das Resultat die von

uns konstatierten Charaktermerkmale sind. Gemeinsam erstellen wir eine psychische Reaktionskette an der Tafel (s. Stundenblatt).

In der anschließenden Phase problematisieren wir den Begriff der Sublimierung, Vergeistigung, die einige Elemente der Selbstdarstellung des „Dichters" im Gedicht nahe gelegt haben („denken"/„sagen"). Die Fortexistenz des sexuellen Begehrens (Schlußverse des Gedichtes) deutet auf eine mißlungene Sublimierung hin. Hier müssen wir wahrscheinlich gezielt nachfragen, welche Formen der Triebbewältigung und welche Abwehrmechanismen Freud in seiner Trieblehre kennt, um die Schüler auf die richtige

Fährte führen zu können. Es handelt sich hier um eine Triebabwehr mittels Verdrängung, die durch stilisiertes egozentrisches Dichtertum verbrämt wird.

Zum Abschluß der Stunde versuchen wir (am besten fordert man einen Schüler auf, dies zu tun), die beiden konträren Formen der Konfliktbewältigung in ein Schema mit den Freudschen psychischen Instanzen einzuzeichnen. Durch die Art der Pfeilrichtungen wird deutlich, daß die *Triebsublimierung* das Ich stützt, weil die Triebenergien dem Ich angelagert werden, während bei der *Triebabwehr* das Ich keine Befriedigung erfährt, weil die Energien dem Es zufallen, ohne dort dauerhaft gebunden werden zu können. Denn Triebbefriedigung, d. h. die Lösung der Triebspannung, ist nur über das Ich möglich. Zuletzt vermitteln wir die Erkenntnis, daß der einzige Damm, den ein solchermaßen labiles Ich zu errichten vermag, eine spezifische charakterliche Struktur ist, die korsettartig der Person eingezogen erscheint und sie zumindest teilweise zu stützen vermag. Das, was dem Mitmenschen mitunter als Tick, als Marotte erscheinen mag, sind charakterliche Ausprägungen, die der Mensch als die für ihn zweckmäßigsten gefunden hat. Beim Dichter in Rilkes Gedicht sind diese Absonderlichkeiten der stilisierte Einsamkeitswunsch und ein Ritual täglichen Vollzugs (Wege, Bänke, Zimmer, Laute).

25. Stunde:
Autobiographischer Ansatz:
Rilkes Liebesbeziehungen /
Zwischen Hingabe und Abwehr /
Der „Schauende" ohne Liebe

In den zwei folgenden Stunden soll das Gedicht auf seine autobiographische Relevanz hin untersucht werden. Dabei gehen wir – der klassischen Psychoanalyse folgend – so vor, daß wir den Phantasiegehalt des Gedichtes (vor allem das sich darin ausdrückende Frauen- und Dichterbild) auf die Psyche des Autors beziehen, daß wir ihn als Ausdruck und Niederschlag der Triebstruktur des Autors bewerten. Dieses Verfahren ist von den „nichtpsychoanalytischen" Literaturwissenschaftlern seit jeher scharf bekämpft worden; wir wollen dieser Kritik in der letzten Stunde über dieses Rilke-Gedicht Raum geben.

Wenn wir die Kritik an der psychoanalytischen Literaturbetrachtung in die Vorführung dieser Methode mit einbauen, so deshalb, weil wir die Überbewertung, die dieses Interpretationsverfahren nach einer halbjährigen Beschäftigung mit ihr bei vielen Schülern erfahren könnte, etwas relativieren wollen. Das Verführerische an der psychoanalytischen Betrachtungsweise von Literatur ist sicherlich das Spekulative, das ihr anhaftet und das einen leichten Zugang auch zu schwieriger Literatur verspricht. Zum anderen werden Schüler, die selbst gerade den pubertären Reifeprozeß durchlaufen haben, mit Faszination diesen Erklärungsansatz aufgreifen, der sich gegenüber anderen Methoden durch „Hautnähe" auszeichnet. Ziel dieser Reflexionsphase sollte sein, den Stellenwert der psychoanalytischen Methode als einer sinnvollen, jedoch nicht überall anwendbaren Ergänzung aller anderen Methoden der Literaturanalyse zu bestimmen.

In den beiden nächsten Stunden soll der autobiographische Zugang vorgestellt werden. Im *gemeinsamen Unterrichtsgespräch* klären wir den Ausgangspunkt eines solchen Untersuchungsweges. Der Schritt vom Werk zum Verfasser desselben ist bei Schülern nie schwierig. Das Interesse an dem Menschen, „der so etwas schrieb", war von jeher im Deutschunterricht sehr ausgeprägt, es wurde durch den rationalistisch-textnahen Unterricht der letzten 10 Jahre eher noch verstärkt. Wir notieren die Fragestellungen, mit denen wir uns der Person Rilke annähern wollen (s. Stundenblatt).

An dieser Stelle bietet sich methodisch an, die wesentlichen Informationen über Rilkes Leben – mit dem Schwerpunkt auf seiner Kindheit und seinem Verhältnis zu Frauen – von einem Schüler in Form eines (einige Wochen vorher vergebenen) *Schülerreferates* vortragen zu lassen. Ersatzweise kann dies auch durch *Lehrervortrag* geschehen. Leicht zugängliche Lektüre ist die Rilke-Monographie von Hans Egon Holthusen[1]. Holthusen legt im ersten Kapitel („Herkunft und Heimat") den Schwerpunkt auf das Verhältnis Rilkes zu seinen Eltern, vor allem aber zur Mutter. Trotz der Ausdrücke von Liebe und Dankbarkeit, in denen Rilke von seinem Vater spricht, scheint das Verhältnis nicht haß- und konkurrenzfrei gewesen zu sein (vgl. hierzu Simenauer[2]). Holthusen zeigt, daß das Verhältnis zur Mutter schwankte zwischen tiefem Haß und leidenschaftlich-zärtlicher Zuwendung. Ein oft genanntes Detail aus Rilkes Kindheit gewinnt im Hinblick auf das Frauenbild Rilkes an Bedeutung: Der kleine Rilke mußte, als Ersatz für ein totgeborenes Schwesterchen, bis zum fünften Lebensjahr sich wie ein Mädchen kleiden, was wohl „ein entscheidender Affront auch für seine Männlichkeitsstrebungen" (Simenauer) gewesen sein muß.

Zur Untermauerung des hier skizzierten Bildes bringen wir in der *zweiten Phase* der Stunde drei kurze Texte ein, die wir im Unterrichtsgespräch analysieren. Im Gedicht „Wendung" ist das Motiv des „Schauens" – im Gegensatz zu „lieben" – bemerkenswert; es korrespondiert mit dem „denken" in dem Gedicht „Von den Mädchen". Beide Begriffe, „schauen" und „denken", bezeichnen – bei Rilke in vielfachen Variationen gestaltet – die Sphäre des Dichters, die der des Lebens – trotz der Sehnsüchte, an ihm teilzuhaben – schroff entgegengesetzt ist. Die trotzige Aufforderung an sich selbst: „Werk des Gesichts ist getan/tue nun Herz-Werk" steht paradigmatisch für die vielen Anläufe, die Rilke genommen hat, um zu befriedigenden Liebesbeziehungen zu kommen. In Form von drei stichwortartig notierten Kurzdeutungen halten wir das Ergebnis der gemeinsamen Textarbeit – quasi als Stundenergebnis – fest (Heft und/oder Tafel).

---

1 Hans Egon Holthusen, Rilke (rororo – Bildmonographien 22) Hamburg 1958.
2 Erich Simenauer, Die Sackgasse der Rilke-Forschung. Eine Betrachtung aus psychoanalytischer Sicht. In: Frankfurter Rundschau vom 29. 11. 1975.

Rainer Maria Rilke
Wendung

Der Weg von der Innigkeit zur Größe geht durch das Opfer.   *Kassner*

Lange errang ers im Anschaun.
Sterne brachen ins Knie
unter dem ringenden Aufblick.
Oder er anschaute knieend,
und seines Instands Duft
machte ein Göttliches müd,
daß es ihm lächelte schlafend.

Türme schaute er so,
daß sie erschraken:
wieder sie bauend, hinan, plötzlich, in Einem!

Aber wie oft, die vom Tag
überladene Landschaft
ruhete hin in sein stilles Gewahren, abends.

Tiere traten getrost
in den offenen Blick, weidende,
und die gefangenen Löwen
starrten hinein wie in unbegreifliche Freiheit;
Vögel durchflogen ihn grad,
den gemütigen; Blumen
wiederschauten in ihn
groß wie in Kinder.

Und das Gerücht, daß ein Schauender sei,
rührte die minder,
fraglichen Sichtbaren,
rührte die Frauen.

Schauend wie lang?
Seit wie lange schon innig entbehrend,
flehend im Grunde des Blicks?

Wenn er, ein Wartender, saß in der Fremde; des Gasthofs
zerstreutes, abgewendetes Zimmer
mürrisch um sich, und im vermiedenen Spiegel
wieder das Zimmer
und später vom quälenden Bett aus
wieder:
da beriets in der Luft,
unfaßbar beriet es
über sein fühlbares Herz,
über sein durch den schmerzhaft verschütteten Körper
dennoch fühlbares Herz
beriet es und richtete:
daß es der Liebe nicht habe.

(Und verwehrte ihm weitere Weihen.)

Denn des Anschauns, siehe, ist eine Grenze.
Und die geschautere Welt
will in der Liebe gedeihn.

Werk des Gesichts ist getan,
tue nun Herz-Werk
an den Bildern in dir, jenen gefangenen; denn du
überwältigtest sie: aber nun kennst du sie nicht.
Siehe, innerer Mann, dein inneres Mädchen,
dieses errungene aus
tausend Naturen, dieses
erst nur errungene, nie
noch geliebte Geschöpf.

Rilke, Werke in drei Bänden, Bd. 2, Insel Verlag, Frankfurt/M. 1966, S. 82 f.

Rilke an Lou Andreas-Salomé nach Göttingen

Schloß Duino bei Nabresina, oesterr. Küstenland, am 28. Dezember 1911 ⟨Donnerstag⟩.

(...) Liebe Lou es steht schlecht mit mir wenn ich auf Menschen warte, Menschen brauche, mich nach Menschen umsehe: das treibt mich nur noch weiter ins Trübere und bringt mich in Schuld; sie können ja nicht wissen, wie wenig Müh, im Grunde, ich mir mit ihnen gebe und welcher Rücksichtslosigkeit ich fähig bin. Es ist also ein schlechtes Zeichen, daß ich seit dem Malte oft auf irgendjemanden gehofft habe, der für mich dasein würde, wie kommts? Ich hatte eine unaufhörliche Sehnsucht danach, mein Alleinsein bei einem Menschen unterzubringen, es in seinen Schutz zu stellen –. Du kannst Dir denken, daß darüber nichts weiterkam. Mit einer Art Beschämung denk ich an meine beste pariser Zeit, die der Neuen Gedichte, da ich nichts und niemanden erwartete und die ganze Welt mir immer mehr nur noch als Aufgabe entgegenströmte und ich klar und sicher, mit purer Leistung antwortete. Wer mir damals gesagt hätte, daß mir soviel Rückfälle bevorstehn. Ich wache jeden Morgen mit einer kalten Schulter auf, dort wo die Hand anfassen müßte die mich rüttelt. Wie ist es möglich, daß ich jetzt, vorbereitet und zum Ausdruck erzogen, eigentlich ohne Berufung bleibe, überzählig? (...)

Rilke – Andreas-Salomé Briefwechsel, Hrsg.: Ernst Pfeiffer. Insel Verlag, Frankfurt/M. 1975, S. 240

Tagebuch-Notiz der Fürstin Marie von Thurn und Taxis

Armer Serafico*, wie angstvoll hat er immer wieder gefragt, ob ich nicht glaubte, daß es irgendwo ein liebendes Wesen gebe, bereit, in dem Augenblick zurückzutreten, da die Stimme ihn riefe? Die Antwort ist schwer. Die Frau, die ihr ganzes Herz herschenkt, ohne je etwas für sich zu fordern – nichts anderes verlangt er. Seine Frage wäre recht naiv und egoistisch, wenn man nicht darin den herrischen Willen dieses Schicksals spürte, das durch keine Gewalt aufgehalten werden kann. Und wenn diese Frau lebt, wie sollte er sie finden? Und doch kann er nicht sein, ohne um sich die Atmosphäre einer Frau zu spüren – ja, ich bin oft betroffen über die ungewöhnliche Anziehungskraft, die Frauen auf ihn ausüben ... Aber dann kommt der Augenblick der Flucht, der Augenblick, da er sich jeder Bindung entzieht ... und dann wieder der alte Schmerz, das gleiche Leid!"

* Fürstin Marie v. Thurn und Taxis nannte Rilke „Dottore Serafico"

Marie von Thurn und Taxis, Erinnerungen an Rainer Maria Rilke, Insel-Bücherei 888, Frankfurt/M.

26. Stunde
Autobiographischer Ansatz: Fixation an das Mutterbild? / Mystik des Schoßes und Angst vor der Mutter Allmacht

Nach einer kurzen Rekapitulation der Ergebnisse der letzten Stunde stellen wir die Frage nach den möglichen Ursachen für die von Rilke eingestandene „Liebesunfähigkeit". Hier erhalten die Schüler die Gelegenheit, erworbenes Wissen aus zurückliegenden Unterrichtsperioden „abzurufen". Im Notfall gibt der Lehrer die entscheidenden Stichwörter. Aus den möglichen Antworten kristallisiert sich die Frage nach Rilkes Beziehung zu seiner Mutter als die entscheidende heraus.

Damit leiten wir über zur *zweiten Phase* dieser Stunde. In arbeitsteiliger Gruppenarbeit sollen 5 kurze Texte (2 Gedichte, zwei Ausschnitte aus Erzählungen und ein Brief) analysiert werden. Der *Arbeitsauftrag* lautet: Wie wird in dem Text die Mutter gesehen? Da die Texte alle sehr kurz sind, können die Ergebnisse nach ca. 10 Minuten gesammelt werden. Wir halten sie wieder in Form von stichwortartigen Kurzinterpretationen fest.

Die Texte zeigen, wie Rilkes Mutterbild schwankt zwischen geradezu mythischer Muttervergötterung und einem tiefen Grauen vor der Mutter, die die Eigenexistenz („Haus") des Sohnes bedroht. In den Texten spiegeln sich die zwei Seiten eines polaren Spannungsverhältnisses zur „guten" und zur „bösen" Mutter. In jedem Menschen existieren wohl im Unterbewußtsein zwei gegensätzliche Bilder von der Mutter nebeneinander: einerseits die archaisch-primitive, verschlingende Mutter (bei Rilke in den Texten 4 und 5 nachvollziehbar) und andererseits die zärtliche, mitfühlende Mutter, die Geborgenheit und Zuflucht gewährt (bei Rilke in den Texten 1 bis 3). Die Widersprüchlichkeit des Mutterbildes entspringt den Konflikten, die das Kind in den ersten Lebensjahren im Verhältnis zur Mutter erlebt. Sie gewährt zugleich die Befriedigung leiblicher und seelischer Bedürfnisse, kann diese jedoch aufgrund ihrer „Allmacht" dem kleinen Kind gegenüber entziehen bzw. temporär verweigern. Die Art und Weise der Verarbeitung der Kind-Mutter-Konflikte bestimmt das haftenbleibende Mutterbild*.

Als Ergebnis halten wir im anschließenden Unterrichtsgespräch der *dritten Phase* fest, daß es sich bei Rilkes Bild von seiner Mutter um ein widersprüchliches, ambivalentes handelt. Im zweiten Teil der dritten Unterrichtsphase spannen wir den Bogen zurück zum Gedicht „Von den Mädchen", von dem aus wir die „autobiographische Reise" angetreten haben. Die Rückschlüsse auf das Gedicht werden den Schülern jetzt nicht schwer fallen. Die Rationalisierung der Triebverdrängungen, die wir bei der Gedichtanalyse konstatieren, resultiert aus der erotischen Gehemmtheit. Diese verdankt sich ihrerseits einem überhöhten Frauenideal, das sich aus der vorgestellten Reinheitsgestalt der Mutter speist. Beim erwachsenen Rilke scheint demzufolge noch eine tiefsitzende Mutterfixierung vorzuliegen, und zwar eine Fixation an das *idealisierte* Bild der Mutter. Diese Mutterfixierung verhindert beim „Dichter" ein echtes Liebeserlebnis. Oder in den Freudschen Kategorien gedacht: Der Fortbestand der Mutterbindung in idealisiert-überhöhter Form verhindert eine Ablösung (wie sie normalerweise nach der Absolvierung der ödipalen Phase gelingt) von der Mutter und eine Hinwendung zur Frau als Geschlechtspartnerin (was allerdings erst nach der Latenzphase geschieht). Der Me-

---

* Die beste moderne Studie zur Mutter-Kind-Beziehung aus psychoanalytischer Sicht stammt von Julien Bigras („Gute Mutter – Böse Mutter", das Bild des Kindes von der Mutter, München 1975).

chanismus dieser Hemmung ist einsichtig: die Frau, die man als Mutterersatz abgöttisch verehrt, kann man nicht körperlich lieben.

Die Schüler werden hier vielleicht fragen, warum die *bedrohliche* Seite der Mutterimago (die „verschlingende Mutter"), die ja in den autobiographischen Zeugnissen deutlich zutage trat, im Gedicht nicht als Hemmfaktor für das Liebeserlebnis erscheint. Die Frage enthält einen plausiblen Gedanken. Die Antwort darauf fällt nicht eindeutig aus. Es wäre denkbar, daß bei Rilke einfach die Engelsgestalt der Mutter überwiegt, andererseits wäre möglich, daß das Bild von der haßenswerten, bedrohlichen Mutter massiven Verdrängungen unterliegt, die eine Verbalisierung dieser Regungen verbieten.

Mehr als Spekulatives kann man hier nicht festhalten.

Wir haben hier innerhalb des autobiographischen Ansatzes sowohl *biographische* Zeugnisse als auch *dichterische* Werke zitiert, was strenge Literaturwissenschaftler befremden mag. Zum einen jedoch gilt Rilke bei vielen herkömmlichen Interpreten als „konfessioneller Dichter", bei dem wie selten anderswo Dichtung und Lebensbewältigung eins seien. Zum anderen macht die Psychoanalyse beim Auffinden verdrängter Seelenbefunde keinen Unterschied zwischen Dichtung und Brief, zwischen höchster Kunst und Trivialität. Daß gerade diese „Nivellierung" Gegenstand der Kritik aus Germanistenmunde ist, soll in der nächsten Stunde gezeigt werden.

---

(1) Rainer Maria Rilke: Ewald Tragy (Schluß)

Und gerade in diesen Tagen ist sein Bedürfnis nach Teilnahme so groß; es wächst in ihm fort und wird ein ungestümer trockener Durst, der ihn nicht demütigt, sondern ihn bitter und trotzig macht. Er überlegt plötzlich, ob er nicht das, was er umsonst erbittet von aller Welt, fordern kann von irgendwem, wie ein Recht, wie eine alte Schuld, die man einzieht mit allen Mitteln, rücksichtslos. Und er verlangt von seiner Mutter: „Komm, gib mir, was mir gehört."

Das wird ein langer, langer Brief, und Ewald schreibt weit in die Nacht hinein, immer rascher und mit immer heißeren Wangen. Er hat damit begonnen, eine Pflicht zu fordern und, ehe er es weiß, bittet er um eine Gnade, um ein Geschenk, um Wärme und Zärtlichkeit. „Noch ist es Zeit –" schreibt er, „noch bin ich weich und kann wie Wachs sein in Deinen Händen. Nimm mich, gib mir eine Form, mach mich fertig . . ." Es ist ein Schrei nach Mütterlichkeit, der weit über ein Weib hinausreicht, bis zu jener ersten Liebe hin, in welcher der Frühling froh und sorglos wird. Diese Worte gehen niemandem mehr entgegen, mit ausgebreiteten Armen stürmen sie in die Sonne hinein. – Und so ist es gar nicht erstaunlich, wenn Tragy zum Schluß erkennt, daß es niemanden gibt, dem er diesen Brief schicken kann, und daß niemand ihn verstünde, am wenigsten diese schlanke nervöse Dame. Sie ist ja stolz, daß man sie ,Fräulein' nennt in der Fremde, denkt Ewald und weiß: Man muß den Brief rasch verbrennen. Er wartet.

Aber der Brief verbrennt ganz langsam in lauter kleinen zitternden Flammen.

Rilke, Werke in 3 Bänden, Bd. 3, Insel Verlag, Frankfurt/M. 1966, S. 61 f.

(2) Rainer Maria Rilke: Die Aufzeichnungen des Malte Laurids Brigge

Maman kam nie in der Nacht –, oder doch, einmal kam sie. Ich hatte geschrieen und geschrieen, und Mademoiselle war gekommen und Sieversen, die Haushälterin, und Georg, der Kutscher; aber das hatte nichts genutzt. Und da hatten sie endlich den Wagen nach den Eltern geschickt, die auf einem großen Balle waren, ich glaube beim Kronprinzen. Und auf einmal hörte ich ihn hereinfahren in den Hof, und ich wurde still, saß und sah nach der Tür. Und da rauschte es ein wenig in den anderen Zimmern, und Maman kam herein in der großen Hofrobe, die sie gar nicht in acht nahm, und lief beinah und ließ ihren weißen Pelz hinter sich fallen und nahm mich in die bloßen Arme. Und ich befühlte, erstaunt und entzückt wie nie, ihr Haar und ihr kleines, gepflegtes Gesicht und die kalten Steine an ihren Ohren und die Seide am Rand ihrer Schultern, die nach Blumen dufteten. Und wir blieben so und weinten zärtlich und küßten uns, bis wir fühlten, daß der Vater da war und daß wir uns trennen mußten. „Er hat hohes Fieber", hörte ich Maman schüchtern sagen, und der Vater griff nach meiner Hand und zählte den Puls. Er war in der Jägermeisteruniform mit dem schönen, breiten, gewässerten blauen Band des Elefanten. „Was für ein Unsinn, uns zu rufen", sagte er ins Zimmer hinein, ohne mich anzusehen. Sie hatten versprochen, zurückzukehren, wenn es nichts Ernstliches wäre. Und Ernstliches war es ja nichts. Auf meiner Decke aber fand ich Mamans Tanzkarte und weiße Kamelien, die ich noch nie gesehen hatte und die ich mir auf die Augen legte, als ich merkte, wie kühl sie waren.

Rilke, Werke, a.a.O., Bd. 3, S. 197f.

(3) Rainer Maria Rilke: Achte Duineser Elegie

(...)
Und doch ist in dem wachsam warmen Tier
Gewicht und Sorge einer großen Schwermut.
Denn ihm auch haftet immer an, was uns
oft überwältigt, – die Erinnerung,
als sei schon einmal das, wonach man drängt,
näher gewesen, treuer und sein Anschluß
unendlich zärtlich. Hier ist alles Abstand,
und dort wars Atem. Nach der ersten Heimat
ist ihm die zweite witterig und windig.
O Seligkeit der *kleinen* Kreatur,
die immer *bleibt* im Schooße, der sie austrug;
o Glück der Mücke, die noch *innen* hüpft,
selbst wenn sie Hochzeit hat: denn Schooß ist Alles.
Und sieh die halbe Sicherheit des Vogels,
der beinah beides weiß aus seinem Ursprung,
als wäre er eine Seele der Etrusker,
aus einem Toten, den ein Raum empfing,
doch mit der ruhenden Figur als Deckel.
Und wie bestürzt ist eins, das fliegen muß
und stammt aus einem Schooß. Wie vor sich selbst

erschreckt, durchzuckts die Luft, wie wenn ein Sprung
durch eine Tasse geht. So reißt die Spur
der Fledermaus durchs Porzellan des Abends. (...)

Rilke, Werke, a.a.O., Bd. 1, S. 471f.

(4) Rainer Maria Rilke: Ach wehe, meine Mutter reißt mich ein

Ach wehe, meine Mutter reißt mich ein.
Da hab ich Stein auf Stein zu mir gelegt,
und stand schon wie ein kleines Haus, um das sich groß der Tag bewegt,
sogar allein.
Nun kommt die Mutter, kommt und reißt mich ein.

Sie reißt mich ein, indem sie kommt und schaut.
Sie sieht es nicht, daß einer baut.
Sie geht mir mitten durch die Wand von Stein.
Ach wehe, meine Mutter reißt mich ein.

Die Vögel fliegen leichter um mich her.
Die fremden Hunde wissen: das ist *der*.
Nur einzig meine Mutter kennt es nicht,
mein langsam mehr gewordenes Gesicht.

Von ihr zu mir war nie ein warmer Wind.
Sie lebt nicht dorten, wo die Lüfte sind.
Sie liegt in einem hohen Herz-Verschlag
und Christus kommt und wäscht sie jeden Tag.

Rilke, Werke, a.a.O., Bd. 2, S. 101f.

(5) Rilke an Lou Andreas-Salomé nach Göttingen

Rom, Villa Strohl-Fern, am 15. April 1904 ⟨Freitag⟩.

(...) Meine Mutter kam nach Rom und ist noch hier. Ich sehe sie nur selten, aber –
Du weißt es – jede Begegnung mit ihr ist eine Art Rückfall. Wenn ich diese verlorene,
unwirkliche, mit nichts zusammenhängende Frau, die nicht altwerden kann, sehen
muß, dann fühle ich wie ich schon als Kind von ihr fortgestrebt habe und fürchte tief in
mir, daß ich, nach Jahren und Jahren Laufens und Gehens, immer noch nicht fern
genug von ihr bin, daß ich innerlich irgendwo noch Bewegungen habe, die die andere
Hälfte ihrer verkümmerten Gebärden sind, Stücke von Erinnerungen, die sie zerschla-
gen in sich herumträgt; dann graut mir vor ihrer zerstreuten Frömmigkeit, vor ihrem
eigensinnigen Glauben, vor allem diesen Verzerrten und Entstellten, daran sie sich
gehängt hat, selber leer wie ein Kleid, gespenstisch und schrecklich. Und daß ich doch
ihr Kind bin: daß in dieser zu nichts gehörenden, verwaschenen Wand irgend eine
kaum erkennbare Tapetentür mein Eingang in die Welt war – (wenn anders solcher
Eingang überhaupt in die Welt führen kann ...)!
Das ist schwer und verwirrend für mich, der ich so viel gutzumachen habe und immer
wieder den Muth verliere (...)

Rilke – Andreas-Salomé Briefwechsel, Hrsg.: Ernst Pfeiffer, Insel Verlag, Frankfurt/M.
1975, S. 145f.

27. Stunde:
Kritik am autobiographischen Ansatz

Bei der Diskussion über die Kritikpunkte am „biographischen Ansatz" der Psychoanalyse sollte der Lehrer zeigen, daß die diesem Ansatz zugrunde liegende kurzschlüssige Analogisierung zwischen Dichtung und Seelenleben des Dichters übersieht, daß die dichterische Einbildungskraft mit ihren Erinnerungen nach einem eigenen Wahrheitsbegriff verfährt. Dichtung stellt immer eine eigene Praxis dar, in die neben biographischem Erinnern und Phantasieren viele andere (z.B. gesellschaftliche, literaturgeschichtliche, rezeptionsabhängige oder stilistische) Determinanten eingehen. Im Werk erscheint der Dichter, er erscheint aber auch nicht. Das Medium der Verfremdung ist immer die Sprache. Sie macht aus dem rohen Phantasiegestein das behauene Produkt.

Empfehlenswert für die *Vorgehensweise im Unterricht* ist ein induktives Verfahren. Wir sammeln in einem *freien Unterrichtsgespräch* die Kritikpunkte, die die Schüler an dem bei der Analyse des Rilke-Gedichtes kennengelernten Verfahren äußern. Wenn die Schüler an dieser Stelle noch nicht den Abstand gewonnen haben, den sie zur Formulierung von Kritik benötigen, sollte der Lehrer nochmals kurz die Schritte der Untersuchung, quasi die innere Logik des Ansatzes zusammenfassen. In den Stundenblättern sind mögliche Schülerantworten niedergeschrieben. Daß es sich hierbei um idealtypische Antworten handelt, versteht sich von selbst. Sollten sie nicht sofort von den Schülern geäußert werden, muß der Lehrer zu kleinschrittigeren Fragen übergehen. Daß zu den hier aufgeführten Punkten noch weitere stimmige Äußerungen fallen, ist denkbar: z.B. die Kritik an der Vernachlässigung der Sprachanalyse oder die Kritik an der „Auf-

klärungssucht" der Psychoanalyse, die nichts „unhinterfragt stehen lassen kann."

In der *zweiten Phase* des Unterrichts lassen wir zwei Germanisten zu Wort kommen. Die Kritik beider läuft grob gesehen in dieselbe Richtung, bei Lehmann vom Standpunkt der von ihm akzeptierten klinischen Vorgehensweise der Psychoanalyse ausgehend, bei Muschg eher konservativ germanistisch akzentuiert. Zwischen den beiden Veröffentlichungen liegen nahezu 50 Jahre. Im *gelenkten Unterrichtsgespräch* schälen wir aus den kurzen Texten die Kritikpunkte heraus und halten sie stichpunktartig an der Tafel fest (Ergebnisse siehe Stundenblatt).

Zum *Abschluß der Stunde* dehnen wir die Kritik auf die bisher im Kurs geleisteten Textinterpretationen aus. Dieser rückwärtsgerichtete Transfer ist nützlich, weil er Vergangenes rekapituliert und von anderer Warte aus bewerten hilft. Hier zeigt sich, ob die Schüler die Kernpunkte unserer Interpretationen behalten haben und gleichzeitig über kritische Distanz zum Gegenstand verfügen. Die Inhalte der Kritik sind nicht genau vorauszuplanen. Der Lehrer sollte hier auch nicht durch Impulse allzu sehr einengen, allenfalls beim Ins-Gedächtnis-rufen der Deutungen behilflich sein. Allgemeines Ziel dieser Methodendiskussion sollte sein, bei den Schülern eine kritische Haltung herauszubilden, die der Psychoanalyse den Stellenwert beimißt, den sie verdient: als einen wissenschaftlichen Zugang zur Literatur unter vielen.

Text 1

„Das Unbewußte ist in der Produktion der ‚Phantasien‘, und zwar der besonderen, die im Text gegeben sind, beteiligt. Das Subjekt des Textes ist *kein* Ich im Sinne Freuds. (…) Es stellt schon ganz praktisch ein problematisches Unterfangen dar, einen literarischen Text als Wunschphantasie im psychoanalytischen Sinn zu bestimmen und entsprechend zu deuten. Unverantwortlich ginge ein Analytiker vor, der Phantasien des Analysanden ohne jenes unbewußte Material zu deuten suchte, das *nur* auf dem Wege *vieler* analytischer Sitzungen zutage tritt. Problematisch muß daher der Versuch bleiben, die literaturgeschichtlich, gesellschaftlich, textuell, stilistisch vielfach ‚überdeterminierten‘ Texte eines Autors als dessen Wunschphantasie oder als die eines ‚dichtenden Ich‘ im Sinne der Ich-Instanz zu betrachten. Schlechterdings unhaltbar ist das Vorgehen, Phantasien im Text auf analoge des Autors zu beziehen, sobald man sich klar macht, daß der Text eine eigene Praxis darstellt (…).“

Hans-Thies Lehmann, Das Schwimmgedicht, in: Lehmann/Lethen, Bertolt Brechts „Hauspostille“, Metzlersche Verlagsbuchhandlung, Stuttgart 1978, S. 169/170

Text 2

„Das bedeutet aber keineswegs, daß (bei der psychoanalytischen Literaturbetrachtung) die Elemente des dichterischen Werkes auf biographische Tatsachen zurückgeleitet werden. Der Inhalt der Biographie untersteht vielmehr demselben Grundsatz der Deutung, so daß etwa das reale Liebeserlebnis eines Dichters samt seiner künstlerischen Darstellung auf den gemeinsamen Grund: auf die unbewußte Beziehung zur Mutter reduziert wird. In dieser Problemstellung erscheint die Dreizeitigkeit des Phantasielebens wieder, die Freud für den Dichter festgestellt hat (Verdrängung/Tagträume/Dichtung). Die erfundenen Gestalten haben also den Nimbus der Endgültigkeit durchaus verloren. Die sämtlichen Personifikationen der Leidenschaft, die ein Dichter in seinen Werken und in seinem Leben aufweist, (…) sind in ihrer Gesamtheit bloßes Material für die Aufstellung der psychologischen Formel, welcher der schaffende Dichter jeweils unterworfen ist.“

Walter Muschg, Psychoanalyse und Literaturwissenschaft (1930), in: Urban (Hg.), Psychoanalyse und Literaturwissenschaft, Reihe: Deutsche Texte, Bd. 24, Max Niemeyer Verlag, Tübingen 1973, S. 168/169

Exkurse (ohne Stundenblätter): Eichendorff, Frische Fahrt

Didaktische Vorbemerkung

Die Behandlung dieses Gedichtes setzt innerhalb der Sequenz „Sexualität und Sinnlichkeit" einen neuen Akzent. Stand beim Rilke-Gedicht die durch frühkindliche Prozesse bedingte Triebabwehr im Zentrum, so begegnen wir jetzt einer entgegengesetzten Symptomatik: dem Wunsch nach einem sinnlichen, spontanen Leben, einem Leben ohne Triebeinschränkung und Ordnungszwänge. Auf Grund gegenwärtiger Trends im Bereich der Jugendkultur kann die Auseinandersetzung mit diesem Gedicht im Unterricht sehr lohnend sein. Viele Jugendliche sehnen sich heute – in zum Teil schroffer Abgrenzung von den Leistungszwängen der Industriegesellschaft – nach einem Leben, das von mitmenschlicher Nähe, von Zärtlichkeit und Sinnlichkeit bestimmt ist. Sozialpsychologische Untersuchungen haben inzwischen sogar einen neuen Sozialisationstypus in der Generation der heutigen Jugend ausmachen können: den narzißtisch geprägten „oralen Flipper", der die Befriedigung sinnlicher Bedürfnisse über leistungs- und normengerechtes Verhalten stellt. Von Seiten der grün-alternativen Szene erhält diese Strömung der „neuen Sinnlichkeit" neue Nahrung. Hier herrscht die Vorstellung, ein Leben in Übereinstimmung mit dem „stimmigen" Kreislauf der Natur (auch der eigenen) sei lohnender und befriedigender als das „Weiterdrehen an der Konsumschraube". Auch dies kann man als Hinwendung zur eigenen Sinnlichkeit interpretieren.

Auch wenn bei einer unmittelbaren und distanzlosen Aktualisierung des Gedichtes, das immerhin über 150 Jahre alt ist, Vorsicht geboten ist, so kann die Besprechung dennoch Einsichten vermitteln, unter welchen Umständen und gesellschaftlichen Bedingungen der Wunsch nach Sinnlichkeit in Individuen und Gruppen verstärkt entsteht.

Das bekannte Gedicht entstammt dem 1815 verfaßten Roman „Ahnung und Gegenwart". In diesem „Entwicklungsroman", der sich teilweise eng an den „Wilhelm Meister" anlehnt, werden die bunten Lebensschicksale eines jungen Grafen Friedrich geschildert. Umgeben und begleitet von anderen Gestalten (Graf Leontin, Gräfin Romana, Erwin) sucht er nach Lebenssinn und Lebensverwirklichung. Er selbst – der als fester, realitätstüchtiger, aber auch frommer Charakter dargestellt ist – wird am schärfsten kontrastiert durch Romana, in der die Sinnlichkeit des Südens Gestalt angenommen hat. Es handelt sich hier um eine Variante der bei Eichendorff oft vorkommenden „dämonischen" Frauengestalt. Das Gedicht „Frische Fahrt" kommt im Roman aus ihrem Munde. Bedeutsam ist noch das En-

---

Joseph von Eichendorff: Frische Fahrt

Laue Luft kommt blau geflossen,
Frühling, Frühling soll es sein!
Waldwärts Hörnerklang geschossen,
Mutger Augen lichter Schein;
Und das Wirren bunt und bunter
Wird ein magisch wilder Fluß,
In die schöne Welt hinunter
Lockt dich dieses Stromes Gruß.

Und ich mag mich nicht bewahren!
Weit von euch treibt mich der Wind,
Auf dem Strome will ich fahren,
Von dem Glanze selig blind!
Tausend Stimmen lockend schlagen,
Hoch Aurora flammend weht,
Fahre zu! Ich mag nicht fragen,
Wo die Fahrt zu Ende geht!

Eichendorff, Sämtliche Gedichte, dtv-Bibliothek, München 1975, S. 9

de, das Eichendorff den beiden Hauptgestalten zugedacht hat. Romana begeht, nachdem ihr religiöse Buße nicht gelingen will, Selbstmord. Friedrich geht ins Kloster, um gegen die „Brandfackeln", die die Welt bedrohen, gerüstet zu sein.

Es ist auf alle Fälle anzuraten, die Herkunft des Gedichtes aus dem Romanzusammenhang zu Beginn der Besprechung noch zu verschweigen. Nur dann ist es möglich, die Schüler mit der spannenden Frage zu konfrontieren, aus wessen Munde ein solches Gedicht wohl stammen könne (Mann – Frau).

1. Stunde:
Das Lebensprogramm der Sinnlichkeit und Spontaneität

Wir beginnen die Besprechung des Gedichtes mit der Wiedergabe des Geschehens. Wir bitten die Schüler im Unterrichtsgespräch, die zentralen *Aussagen* des Gedichtes in Stichworten festzuhalten:
1. Strophe: Frühling / Jagdgesellschaft / Verlockung, sich treiben zu lassen in eine „schöne Welt"
2. Strophe: Entwurf eines ziel- und zügellosen Lebens durch das lyrische Ich
Als nächsten Schritt fragen wir nach dem *Realitätsgehalt* des Geschehens und nach dem *Subjekt des imaginierten Lebensentwurfes*. Wir fragen, ob sich im Gedicht eine Veränderung des Realitätsbezuges feststellen läßt. Auffällig an dem Gedicht ist, daß es von Realem seinen Ausgang nimmt (Frühling/ Jagd), daß sich dann aber der Realitätsgehalt immer mehr verflüchtigt und bloß Vorgestelltem, Gedachtem Platz macht. Als ob der lyrische Sprecher während des jagdlichen Treibens von Tagträumen überwältigt wird, in denen sich der Entwurf eines „anderen" Lebens kundtut.

Der fließende Übergang in tagtraumhaftes Wunschdenken kündigt sich bereits im 5. Vers der 1. Strophe an: „Und das Wirren bunt und bunter". Durch das undefinierbare Wort „Wirren" und die Steigerung „bunt – bunter" wird die Auflösung des Realen in Gang gesetzt. Das Bild des „magisch wilden Flusses" setzt diesen Prozeß fort, bis mit der Chiffre von der „schönen Welt" der utopische Zielpunkt des Auflösungsprozesses gefunden ist. Das Wort „hinunter" ist sehr aufschlußreich. Es signalisiert Tiefe, Abgrund im ambivalenten Sinne: Tiefe im Sinne von Intensität der Empfindung und Tiefe im Sinne von Untergang. Man erinnert sich hier vielleicht an die berühmte Stelle in dem Gedicht „Die zwei Gesellen", die den Lebensweg des zweiten Gesellen beschreibt: Die Begriffe „Grund" und „Schlund" bezeichnen dort das „Unten", in dem sich Erfüllung und Zerstörung paaren. Diese *Interpretationsschritte* vollziehen wir in der *gemeinsamen Textarbeit*, wobei wir uns des *fragend-entwickelnden Verfahrens* bedienen. Die Verweise auf Parallelstellen in der Eichendorffschen Lyrik („Die zwei Gesellen", „Der Unbekannte", „Graut dir, weil im falschen Meere . . .") bringt der Lehrer selbst ein, da den Schülern die Gedichte nicht bekannt sein dürften.

Den letzten Baustein dieser noch immanenten Interpretation bildet die *Frage nach dem lyrischen Sprecher*. Auffällig ist das Schwanken zwischen den Personalpronomina „du" und „ich". Während in der ersten Strophe das lyrische Ich kein einziges Mal in der reinen Form vorkommt, erscheint es in der zweiten Strophe gleich fünfmal. Eine Art Übergangsform bildet das unbestimmt-allgemeine „dich" in I, 8, das vom Wortsinn her sowohl den Adressaten des Gesprochenen als auch den Sprecher selbst meinen kann. Auffällig ist der trotzig-behauptende Auftakt zu Beginn der zweiten Strophe: „Und *ich* mag *mich* nicht bewahren", wo die Ich-Nennung gleich zweimal erscheint. Man könnte also den Prozeß des wunschhaften Der fließende Übergang in tagtraumhaftes Träumens, der im Gedicht sich vollzieht, als Akt der Ich-Behauptung und Ich-Findung begreifen, der die in Strophe 1 noch beste- hende Fesselung und Passivität des Ichs auf- hebt.

Zum Abschluß der ersten Stunde skizzieren wir an der Tafel die Resultate unserer bishe- rigen Analyse:

Tafelbild:

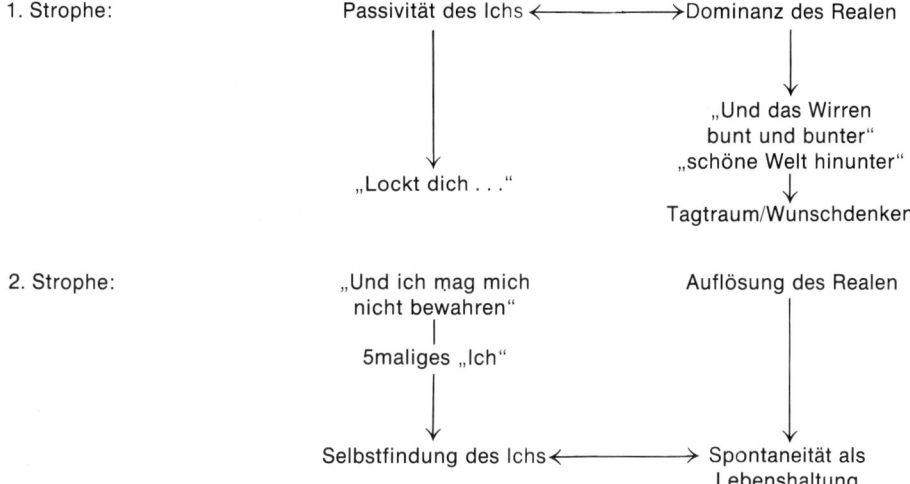

2. Stunde: Entsublimierung / Freisetzung der menschlichen Triebnatur

Mit den Stichworten „Tagtraum" und „Wunschdenken" sind in der letzten Stunde die Begriffe gefallen, die uns im weiteren Vorgehen den *Zugang zur psychoanalyti-schen Interpretation* des Gedichtes öffnen. Wir lassen in einer *offenen Gesprächsphase zu Beginn der Stunde* die Schüler diesen Schlüssel selbst finden, indem wir sie auffor- dern, in der Strukturskizze aus der letzten Stunde nach Ansatzpunkten für den psycho- analytischen Zugang zu suchen. Mit einigen sanften Nachhilfen werden die Schüler auf die Begriffe Tagtraum und Wunschdenken stoßen, die ja in der Freudschen Terminolo- gie durchaus gebräuchlich sind und den Schü- lern deshalb bekannt sein dürften.

Um das bisher fast ausschließlich praktizier- te Verfahren des Unterrichtsgesprächs me- thodisch zu variieren, bilden wir hier *kleine Gruppen*, die arbeitsgleich den *ersten Schritt der psychoanalytischen Interpretation* leisten sollen. Man kann die Bilder, in denen das lyrische Ich sein Lebensprogramm der Spontaneität und Sinnlichkeit ausbreitet, le- sen wie Chiffren eines Traums. Da nach Freud die Trauminhalte stets imaginierte Wünsche darstellen, erhalten wir hierdurch Einblick in das Wunschdenken des lyrischen Ichs.

Die Arbeitsgruppen erhalten den Auftrag, in einer zweispaltigen Tabelle die Traumbil- der zu dechiffrieren, d. h. psychoanalytisch zu interpretieren. Viele der Bedeutungen ergeben sich aus der bloßen Anschauung des Bildes. Wenn nötig, muß der Lehrer bei der Deutung behilflich sein. Zwei populär-

wissenschaftliche Werke über Traumgehalte ersparen die schwierige Freudlektüre. Sie sollten im Handapparat des Kurses verfügbar sein.
- Günter Pössinger, Traumbuch. Traumsymbole und ihre Deutung. Psychologie des Träumens, München 1974.

- Hanns Kurth, So deute ich Träume. München 1969.

Als Bearbeitungszeit muß ungefähr eine Viertelstunde bis zwanzig Minuten veranschlagt werden. Danach werten wir die Ergebnisse gemeinsam aus und halten sie an der Tafel fest:

Tafelbild:

Traumbilder	Bedeutung
„kommt . . . geflossen" „treibt mich der Wind"	Natur als Subjekt; der Mensch gibt sich hin
„Wirren bunt und bunter" „selig blind" „magisch . . ."	Verwirrung, Auflösung/Anhimmelung des Unbewußten, des Triebdunkels
„geflossen" / „wilder Fluß" „Strom"	Flußsymbol: Freisetzung von körperlicher und seelischer Energie (Sinnlichkeit/Triebnatur)
„Aurora flammend weht"	Feuersymbol: Energie/Kraft/unkontrollierte Leidenschaftlichkeit – aber mit zerstörender Komponente

Als nächsten und die Analyse verallgemeinernden Schritt fragen wir nach der *psychoanalytischen Gesamteinschätzung des vorgestellten Lebensentwurfs*. Wir fragen die Schüler, in welchen individualpsychologischen Zusammenhang man die in der Tabelle gesammelten Tatbestände bringen kann. Ganz offensichtlich handelt es sich um einen Prozeß der Entsublimierung, der Freisetzung des triebhaft-sinnlichen Naturteils im Menschen. Die im konformen Leben (Sozialisation) erzwungene Verstümmelung der Sinnlichkeit soll dadurch zurückgenommen werden, daß der Mensch sich seinen Trieben, seinem Es, spontan, d.h. nicht verstandesbetont, hingibt. Eine Preisgabe des Realitäts- und Rationalitätsprinzips erscheint dabei als wichtige Bedingung des Gelingens („selig blind"/„magisch"/„Wirren").
Im *letzten Deutungsschritt* verlassen wir das Feld der Individualpsychologie und begeben uns auf das Terrain der *Sozialpsychologie*.

Als Ausgangspunkt für diesen für die Schüler wohl schwierigsten Aspekt des Gedichts nehmen wir im *Unterrichtsgespräch* drei Verse des Gedichtes, die bis jetzt nahezu unbeachtet geblieben sind und die zum Verständnis wesentliches beitragen können:
„Und ich mag mich nicht bewahren"
. . .
„Fahre zu! Ich mag nicht fragen,
Wo die Fahrt zu Ende geht!"
Diese Zeilen signalisieren ein Aufbäumen gegen Ordnungsprinzipien und Kulturtugenden, die das bürgerliche Zeitalter im Gefolge der großen Industrie seinen Individuen abnötigte. Die brüske Absage an zweckhaftes Denken, das Verlassen der Zeitökonomie und die Ziellosigkeit des Lebensplanes sind die Bausteine eines vorgestellten Lebens, das die Geordnetheit und Rationalität des bürgerlichen Lebensvollzuges schroff negiert. Es gründet sich auf zwei Momente, die sich gegenseitig bedingen: die Aufgabe der

100

Triebrigidität und die Preisgabe des kalkulierten Lebens.

Diese Kulturtugenden sind auch heute noch voll gültig, sie werden von der überwiegenden Mehrheit der Bevölkerung akzeptiert, gelebt – sie sind seit Generationen verinnerlicht worden. Die Aussteiger-Bewegung in den Industriestaaten hat gerade die ungebrochene Dominanz dieser Prinzipien im realen Lebensvollzug zum Anlaß für ihre Abkehr von der Gesellschaft genommen. Es dürfte dem Lehrer nicht schwer fallen, von diesen aktuellen Tendenzen her die sozialpsychologische Brisanz des Gedichtes – und vor allem der drei oben genannten Verse – mit den Schülern gemeinsam zu erschließen.

Ludwig Uhland, Fräuleins Wache

Didaktische Vorbemerkungen:

Der Zyklus der Texte über „Sexualität und Sinnlichkeit" wird beschlossen durch ein Gedicht, das den Dichter selbst überfordert zu haben schien. Noch zu Lebzeiten Uhlands verschwand es wieder aus den offiziellen Gedichtsammlungen. In der poetischen Qualität überragt es jedoch das meiste, was Uhland an Gedichten – meistens im Ton Eichendorffs – gedichtet hat. Hier ist nichts von dem Hang zum Dekorativen, zum Biedermeierlich-Idyllischen, was sonst die Qualität der Uhlandschen Lyrik – im Gegensatz zu seinen Balladen – mindert.

Vom Gehalt her ist das Gedicht modern. Es thematisiert das Problem der weiblichen Emanzipation auf dem Gebiet, auf dem sich männliche Dominanz wohl am hartnäckigsten hält: im Bereich des Sexuellen. Das Gedicht ist im gleichen Jahr entstanden wie die „Wahlverwandtschaften" und „Penthesilea". Wie diese beiden Werke weist es weit

voraus in die Moderne des 20. Jahrhunderts, in dem Suffragetten und Frauenrechtlerinnen für das Recht auf selbstverwirklichtes Glück und „das Recht auf den eigenen Körper" streiten. Ein ähnliches Postulat verficht das Fräulein in unserem Gedicht.

Didaktisch ergeben sich keine großen Probleme bei der Behandlung im Unterricht. Vor allem die Mädchen werden die Problemstellung verstehen und positiv aufnehmen. Die erotische Selbstbestimmung der Frau ist beileibe nicht nur das Problem der in der Frauenbewegung Engagierten. Jedes Mädchen wird, wenn es die Pubertät durchläuft, das Bedürfnis verspüren, über dieses Problem zu diskutieren. Daß Unterricht keine Problemlösung bieten kann, versteht sich von selbst. Er kann jedoch ein Forum sein, in dem die Schüler mit Handlungsmöglichkeiten vertraut gemacht werden, die ihnen die Literatur aller Epochen bereitstellt.

Nach dem Rilke-Gedicht und dem Eichendorff-Gedicht ist es das dritte Lyrik-Beispiel in der Sequenz „Versuche über Sexualität und Sinnlichkeit". Wenn der Lehrer sich in der Behandlung des Stoffes beschränken muß, kann er nach der obligatorischen Besprechung des Rilke-Gedichtes zwischen Eichendorff und Uhland wählen. Beide verstehen sich im Hinblick auf das obligatorische Fundamentum als zusätzliche, fakultative Texte.

3. Stunde: Rationalisierung und List / „Das Recht auf den eigenen Körper"

In der Stunde gehen wir so vor, daß wir die vom Fräulein gelegte falsche Fährte aufnehmen und verfolgen. Im fragend-entwickelnden Verfahren lassen wir die Schüler den Inhalt des Gedichtes wiedergeben. Vorher haben wir geklärt, daß das im Gedicht Gesagte aus dem Munde des Fräuleins selbst kommt.

Das zarte Fräulein fühlt sich berufen, das väterliche Anwesen vor einem ominösen Eindringling zu bewachen, weil das dazu berufene Wachpersonal schläft. Das Fräulein möchte den Einbrecher präventiv stellen und zum Kampf herausfordern („widersagen" heißt im Mittelhochdeutschen „zum Kampf herausfordern"). Das Fräulein geht davon aus, daß es den Kampf gewinnt. Das Ende des Gedichtes ist allerdings merkwürdig, weil das Mädchen – eigentlich unlogisch – sagt, daß es den Triumpf nicht öffentlich machen dürfe. Will sie die Wächter wegen ihrer Dienstpflichtverletzung beim Vater nicht kompromittieren? Das wäre eine sehr personalfreundliche Einstellung. Oder will sie die Männer, auf deren Terrain sie sich mit ihrem nächtlichen Kampf begeben hat,

---

Ludwig Uhland
Fräuleins Wache

Ich geh all Nacht die Runde
Um Vaters Hof und Hall'.
Es schlafen zu dieser Stunde
Die trägen Wächter all.
Ich Fräulein zart muß streifen,
Ohn' Wehr und Waffen schweifen,
Den Feind der Nacht zu greifen.

O weh des schlimmen Gesellen!
Nach Argem steht sein Sinn.
Würd' ich nicht kühn mich stellen,
Wohl stieg' er über die Zinn'.
Wann ich denselben finde,
Wie er lauert bei der Linde,
Ich widersag ihm geschwinde.

Da muß ich mit ihm ringen
Allein die Nacht entlang;
Er will mich stets umschlingen,
Wie eine wilde Schlang';
Er kommt vom Höllengrunde,
Wie aus eins Drachen Schlunde,
Gehn Flammen aus seinem Munde.

Und hab ich ihn überwunden,
Halt ihn im Arme dicht;
Doch eh' die Sterne geschwunden,
Entschlüpft mir stets der Wicht.
Ich kann ihn niemand zeigen,
Muß meinen Sieg verschweigen
Und mich in Trauer neigen.

Uhland, Gedichte, Reclam UB 3021, Stuttgart 1974, S. 37

nicht beschämen? Auch diese Haltung paßt nicht zu dem sonst so ostentativ zur Schau gestellten Selbstbewußtsein des Mädchens. Das Unterrichtsgespräch wird an dieser Stelle stocken, weil keine plausible Erklärung möglich zu sein scheint. Wir fordern die Schüler auf, selbst den Weg anzugeben, den wir bei der Analyse einschlagen müssen, um das Geheimnis des seltsamen nächtlichen Kampfes zu lüften. Um vom Spekulieren wegzukommen, müssen wir uns noch mehr in den Text, in das sprachliche Material, vertiefen. Hierbei gibt es verschiedene Zugänge. Wir werden sinnvollerweise denjenigen beschreiten, den die Schüler selbst entdecken.

Zugang 1: Wir versuchen genauer herauszubekommen, um wen es sich bei dem nächtlichen Kampfpartner handelt. Wir listen die im Text vorkommenden Bezeichnungen auf.

Tafelbild:
„Feind der Nacht"
„schlimmer Geselle"
„kommt vom Höllengrunde"
„Flammen aus seinem Munde"
„wie eine wilde Schlange"
„Wicht"

Auffällig ist, daß sich das Fräulein zuerst in Negativbezeichnungen fast überbietet. Ein ganzes Arsenal von greulichen Attributen wird aufgefahren, um das Teuflische des Kontrahenten zu untermauern. Die letzte Bezeichnung „Wicht" klingt dagegen wie ein Dementi der vorausgegangenen „Greuelmeldungen". Sollte es sich hierbei um zweckgebundene Übertreibungen handeln? Wenn es sich bei dem nächtlichen Kämpfer um einen Zwerg („Wicht") gehandelt hat, wäre allerdings die Haltung des Fräuleins am frühen Morgen verständlich, das nächtliche Kampfgeschehen zu verschweigen. Dann wäre allerdings noch nicht klar, warum das Mädchen den Gegner zuerst so überdimensional zeichnet. Ein bisher von uns noch

nicht beachteter Vers enthüllt uns, was in dieser Nacht tatsächlich geschehen ist: „Halt ihn im Arme dicht". Hier läßt sich unschwer erkennen, daß es sich um ein erotisches Abenteuer handelt. Die Verse 17 und 18 bestätigen diesen Befund:
„Er will mich stets umschlingen,
Wie eine wilde Schlang';"

In der Freudschen Traumdeutung ist die Schlange zwar ein vielgestaltiges Symbol, im engeren Sinne jedoch ist das männliche Glied gemeint. Die Kälte und die Gefährlichkeit der Schlange betont den gierigen, verschlingenden Aspekt der Sexualität. Diese *Informationen* geben wir den Schülern oder wir lassen die Schüler – falls die Zeit dazu ausreicht – in den beiden *Traumbüchern* unter dem Stichwort „Schlange" nachschlagen. Daß das Fräulein solches assoziiert, wird verständlich, wenn wir uns vergegenwärtigen, daß hier ein unverheiratetes Mädchen („Fräulein") allein nachts auf sexuelle Abenteuer ausgeht und sich der Männerwelt aussetzt, die sexuell aktiven Frauen gegenüber immer eine zwiespältige Haltung einnimmt. Die anschließende Charakterisierung „Wicht" spielt vielleicht darauf an, daß nach dem Sexualakt die männliche Stärke und Eroberungslust dahin ist. Diese physiologische Tatsache mindert jedoch nicht die anfängliche Angst des Mädchens vor der männlichen Gier.

Warum das Mädchen ihr nächtliches Abenteuer verschweigt, wird jetzt klar. Sie hat die Gesetze ihrer Zeit mißachtet und ihre Sexualität als unverheiratete Frau aktiv und selbstbestimmt verwirklicht. Die Tatsache, daß die Zeit, in der das Gedicht handelt, ein solches Verhalten nicht toleriert und nicht erträgt, erzwingt die Maskerade, die schlaue Verstellung. Das Mädchen verteufelt das Verteufelte noch mehr und verlegt das Geschehen auf eine gänzlich andere Ebene. An dieser Stelle erläutern wir den Schülern den Begriff der *Rationalisierung*. Hierbei handelt es sich um die vernünftige Bemäntelung von Verhaltensweisen, die in Wirklichkeit andere, meist tabuisierte Motive haben. Wir wenden diese Definition auf das Gedicht an. Das Fräulein macht aus ihren nächtlichen sexuellen Streifzügen ein honoriges Wächteramt für Hab und Gut.

Der *zweite mögliche Zugang* bestünde darin, dem Widerspruch zwischen „Müssen" und „Wollen" nachzuspüren. Zweimal heißt es im Gedicht: „muß ich". Der zweite Teil des Gedichtes, der die Zeit nach dem „Kampf" beschreibt, ist hingegen geprägt vom Wollen, von den Wünschen des Mädchens. Sie hält den Besiegten über Gebühr lange im Arm; dann möchte sie der Mitwelt den Besiegten vorzeigen, so als wäre sie besonders stolz auf ihn als Person. Im gemeinsamen *Unterrichtsgespräch* versuchen wir, diesen Widerspruch aufzulösen. Wir vermuten, daß das „Muß" der ersten Gedichthälfte nicht so ernst gemeint ist, wie es klingt, daß es sich vielmehr um ein freiwillig auf sich genommenes Kampfgeschehen handelt. Das Mädchen war von Anfang an auf den nächtlichen Gang aus.

An dieser Stelle ziehen wir eine Parallele zu alltäglichen Lebenssituationen. Wir fragen die Schüler, in welchen Situationen man sich zu einer solchen Verstellung, zum Verschweigen der wahren Absichten genötigt fühlt. Sie werden erkennen, daß das Verbotene solch taktisches Verhalten erzwingt. Diese Feststellung mündet in die Frage, was sich in der Nacht tatsächlich zwischen dem Mädchen und dem „Kämpfer" abgespielt hat. Von hier ab verläuft das Unterrichtsgeschehen wie beim ersten Zugang.

Einige Bemerkungen zu den drei Schlußversen sollen die Stunde abrunden:
„Ich kann ihn niemand zeigen,
Muß meinen Sieg verschweigen
Und mich in Trauer neigen."
Hier ist sicherlich nicht nur der Schmerz darüber artikuliert, daß man denjenigen, den man (nächtlich) liebt, nicht vorzeigen, mit Stolz der Familie präsentieren darf. Das Wort „Trauer" verrät noch einen tieferen Sinn. Es ist der Schmerz derjenigen, die ahnt, daß sie in ihrer Zeit nicht das Maß an Glück realisieren kann, das sie sich erträumt. Insoweit ist es die Trauer um eine Zeit, die noch gar nicht angebrochen ist und die dem „Fräulein" von ihrer Lebensperspektive her nicht mehr zugänglich sein wird.

Versuche über Trauer, Regression und Tod

Exkurse: Heine-Gedichte (ohne Stundenblätter)

Didaktische Vorbemerkungen

Die Behandlung dreier Heine-Gedichte bildet den Beginn der letzten Sequenz des Kurses. In ihr sollen Texte besprochen werden, in denen sich das Phänomen der Todessehnsucht findet. Auch wenn die Theorie des Todestriebes zu den umstrittensten Ansichten Freuds gehört, so ist doch eine Auseinandersetzung mit ihr und mit Texten, die sich mit dieser Theorie deuten lassen, reizvoll. Viele Werke der Weltliteratur enden mit dem Selbstmord des Helden. Im 18. und 19. Jahrhundert gehörte die literarische Darstellung des Selbstmordes nicht nur zum antireligiösen Affekt der Zeit, zur Befreiung von religiöser Bevormundung; das Recht auf Selbstmord galt quasi als letztes und äußerstes Zeichen der Autonomie des Menschen, der Setzung des Menschen als Maß aller Dinge. Freud hinterfragte nun in seinem Ansatz das stillschweigend immer mitgedachte Axiom des *selbstbewußten* Selbstmordes, die Annahme, der Selbstmörder sterbe, weil er seine positiven, lebendigen Antriebe in einer als eng und unmenschlich empfundenen Welt nicht verwirklichen könne. Freud betrachtete den Wunsch zu sterben selber als *krankhafte*, im Kern dem Lebendigen, dem vitalen Lebensbedürfnis strikt entgegengesetzte Regung. Goethe hatte die richtige Ahnung, als er seinen Werther in einer Art Selbstdiagnose sagen läßt, im Grunde sei ihm deshalb nicht zu helfen, weil er an einer unheilbaren Krankheit (!) zum Tode leide.

Schüler werden die Beschäftigung mit solchen Fragen sicher sehr interessant finden. Man braucht nicht unbedingt auf die hohe Zahl von Selbstmorden Jugendlicher zu verweisen, um deutlich zu machen, daß für Jugendliche gerade in unserer bedrohten und sinnleeren Zeit die Beschäftigung mit dem Tabubereich des Todes, zumal des sich selbst zugefügten, eine wichtige Sache ist.

In der Folge sollen drei Heine-Gedichte vorgestellt werden, in denen sich jeweils eine gleichgeartete Gemütsverfassung findet: die Melancholie. In zweien dieser Gedichte verdichtet sich diese Stimmung zum Todeswunsch.

Das erste Gedicht sollte vom Lehrer obligatorisch behandelt werden. Zum einen führt es auf relativ leichte Art in die für Heine typische Gemütslage ein. Zum anderen soll an ihm demonstriert werden, daß man zur Erhellung der Ursachen für solche depressiven Verstimmungen unterschiedliche Wege beschreiten kann, die sich unter Umständen an einem Kreuzungspunkt treffen: bei der Untersuchung der Biographie, des individuellen Werdegangs des Dichters und der Analyse der Zeit, in der er lebt und wirkt. Wir nehmen hier den beim Rilke-Gedicht demonstrierten biographischen Ansatz wieder auf. Die Behandlung von beiden sich anschließenden Gedichten erscheint nicht notwendig, da in ihnen dasselbe Motiv anklingt, wenn auch die sprachliche Realisierung recht unterschiedlich ist. Da beide Gedichte auch gleich schwierig sind, sollte die Vorliebe des Lehrers bei der Auswahl den Ausschlag geben. Auch die Verwendung eines der Gedichte als Klausur ist möglich.

Hinzuweisen ist noch darauf, daß es bei der Analyse der beiden letzten Heine-Gedichte einer sehr präzisen Sprach- und Stilanalyse bedarf, um auf den interpretatorischen Kern der Gedichte zu stoßen. Diese Beispiele veranschaulichen, daß bei literarischen Werken das „psychische Material" sowohl im Inhalt als auch in der Sprache verborgen liegen kann, daß es zur Dechiffrierung einer Analyse *beider* bedarf. Hieran zeigt sich, daß es sich beim psychoanalytischen Verfahren um ein genuines Interpretationsverfahren der Germanistik handelt, zu dessen Anwendung die handwerklichen Fertigkeiten einer immanenten Werkanalyse Voraussetzung sind.

1. Stunde:
„Ich hab im Traum geweinet …"
„Ich weiß nicht, was soll es bedeuten, daß ich so traurig bin" / Melancholie und Weltschmerz / Die Paradoxie in Heines Lyrik

Das Gedicht „Ich hab im Traum geweinet" stammt aus dem Zyklus „Lyrisches Intermezzo" (1822–23) und gibt eine für den Dichter typische Stimmungslage wieder: Trauer, Melancholie und Weltschmerz. In der *Einstiegsphase* dieser ersten Stunde vergegenwärtigen wir uns im *gemeinsamen Unterrichtsgespräch* das Thema des Gedichtes. Das lyrische Ich berichtet von drei Träumen, die jeweils eine typische Liebessituation zum Inhalt haben. Wir halten die Traumsituationen und die Angaben über die Reaktionen des Träumenden an der Tafel fest (siehe unten).

In der *nächsten Phase* des Unterrichts versuchen wir eine Bewertung der Reaktionen des Träumenden. Methode ist das *gelenkte Unterrichtsgespräch*. Den Schülern wird sehr schnell auffallen, daß das Befremdliche an der Reaktion ist, daß der Schmerz angesichts des „freundlichen" dritten Traumes

(Fortbestehen des Liebesglücks) nicht nachläßt, sondern – gemessen an den Reaktionen auf die beiden schlimmeren Träume – sich noch intensiviert. Die Vermutungen der Schüler über die Ursachen dieses befremdlichen Verhaltens werden sich vor allem auf die Liebesbeziehung richten, die den Hintergrund aller drei Träume darstellt. Die vielfältigsten Spekulationen führen jedoch nicht zum Ziel; das Verhalten des lyrischen Ichs bleibt unlogisch und unverständlich. Durch gezielte Fragen wird der Lehrer schließlich die Schüler zu der Einsicht führen, daß der Sprecher des Gedichtes ohne ersichtlichen Grund weint, daß man also die *Beweggründe in der psychischen Struktur des Träumenden* suchen muß. Wir steuern auf das vorläufige Ergebnis zu, daß es sich beim Träumenden um eine Person zu handeln scheint, die gerade die glückbringende Situation als traurig erlebt. Wir nennen dies eine paradoxe Reaktion.

Im Anschluß an dieses Zwischenergebnis zeigen wir den Schülern anhand weiterer Beispiele aus der Lyrik Heines, daß in der Paradoxie „Schöne Welt" → „Trauer" oder „scheinbares Glück" → „Melancholie" eine für Heine typische Stimmungslage zum Ausdruck kommt. Als Beispiele, die der Lehrer kurz vorträgt, bieten sich folgende Gedichte an:

„Ich weiß nicht was soll es bedeuten,
Daß ich so traurig bin" (Die Heimkehr)

„Ich wandelte unter den Bäumen,
Mit meinem Gram allein"
(Junge Leiden/Lieder)

Tafelbild:

Traumsituationen		Reaktionen des Träumenden
1. Strophe: Tod der Geliebten	⟶	„eine Träne"
2. Strophe: Verlassenwerden	⟶	„weinte bitterlich"
3. Strophe: Treue der Geliebten	⟶	„Tränenflut"

Heinrich Heine

Ich hab im Traum geweinet,
Mir träumte, du lägest im Grab.
Ich wachte auf, und die Träne
Floß noch von der Wange herab.

Ich hab im Traum geweinet,
Mir träumt', du verließest mich,
Ich wachte auf, und ich weinte
Noch lange bitterlich.

Ich hab im Traum geweinet,
Mir träumte, du bliebest mir gut.
Ich wachte auf, und noch immer
Strömt meine Tränenflut.

Heine, Buch der Lieder, dtv-Bibliothek, München 1975, S. 98

„Wenn ich in deine Augen seh,
So schwindet all mein Leid und Weh"
(Lyrisches Intermezzo)

Dazu kommen noch unsere beiden nächstfolgenden Gedichte („Die Welt ist so schön …" und „Mein Herz, mein Herz ist traurig …"), aus denen wir hier nur die entsprechenden Schlüsselstellen vorlesen, an denen der stimmungsmäßige Bruch zu erkennen ist.

In der *letzten Phase* der Stunde überlegen wir uns, welche Konsequenzen sich aus diesem typischen Muster für die Interpretation der Heineschen Lyrik ergeben. Dazu verweisen wir die Schüler nochmals auf das Resultat unserer Interpretation des ersten Gedichtes. Wenn die *psychische Struktur* der eigentliche Grund für das paradoxe Verhalten des Träumenden (des lyrischen Ichs/ des Dichters) ist, läge eine *biographische*, auf die individuellen Lebensumstände bezogene Interpretation nahe. Dieser Ansatz hätte zu ergründen, inwieweit Erziehungsfaktoren und das familiäre Umfeld die melancholische Erlebensweise des Erwachsenen determinieren.

Ein zweiter möglicher Ansatz ergäbe sich aus der Überlegung, daß die freundliche Umwelt oder die Intaktheit der menschlichen Beziehungen, denen sich das lyrische Ich durch die „unlogische" Trauerreaktion versagt, vielleicht ganz anders beschaffen sind, als es auf den ersten Blick den Anschein hat. Das hieße, daß wir die „schöne" Welt genauer unter die Lupe zu nehmen hätten. Dies wäre der *historisch-gesellschaftliche Ansatz*.

Diese Überlegungen geschehen auf einem relativ hohen Abstraktionsniveau. Methodisch ist deshalb die lenkende Hand des Lehrers hier besonders vonnöten. Zur Veranschaulichung soll in dieser Unterrichtsphase eine Strukturskizze an der Tafel entworfen werden (s. nächste Seite).

Tafelbild:

Tatbestand/
Anlaß:

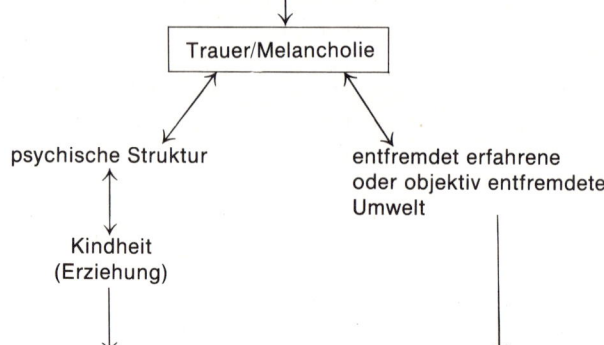

Reaktion:

Ursachen:

Methode:

zwischenmenschliches Glück/freundliche
Umwelt

Para | doxie

Trauer/Melancholie

psychische Struktur

entfremdet erfahrene
oder objektiv entfremdete
Umwelt

Kindheit
(Erziehung)

biographischer Ansatz

historisch-gesellschaftlicher
Ansatz

Wir beenden diese Stunde mit dem Hinweis, daß wir bei der Besprechung der anderen Heine-Gedichte beide Spuren verfolgen werden, um ihre Schlüssigkeit und ihre Leistung in bezug auf die Lyrik Heines zu ergründen. Um in den sich anschließenden Stunden die Lehrerdominanz, die in der Einstiegsrunde recht deutlich ausgeprägt war, etwas zurückzunehmen, sollen für die beiden kommenden Stunden zwei Kurzreferate vergeben werden:

Aufgabe 1: Erläuterung der Freudschen Aussagen über Melancholie und Depression sowie der Theorie über den Todestrieb.

Aufgabe 2: Darstellung des Lebens Heines.

Beide Referate müßten wegen des damit verbundenen Aufwandes an Lektüre schon frühzeitig an die Schüler vergeben werden.

2. Stunde:
„Die Welt ist so schön…"
Gefühl des Ausgeschlossenseins/
Todeswunsch

In dem Gedicht „Die Welt ist so schön …" aus dem Zyklus „Lyrisches Intermezzo" begegnen wir dem Motiv der Todessehnsucht. Nach dem Gedichtvortrag durch den Lehrer und einer kleinen Pause zum stillen Lesen beginnen wir mit der Interpretation. Sie sollte ausgehen von dem Bruch zwischen der scheinbar idyllischen Beschreibung der Umwelt in den ersten fünf Versen und dem sich daran anschließenden Todeswunsch. Im gelenkten *Unterrichtsgespräch* stellen wir die Frage, ob der Text uns darüber Auskunft gibt, warum das lyrische Ich angesichts oder trotz der romantisch-schönen Szenerie zu sterben wünscht. Der im Zusammenhang mit dem Todeswunsch geäußerte Wunsch, „sich an ein totes Liebchen (zu) schmiegen", wird den Schülern sehr befremdlich erscheinen und eventuell zu vorschnellen Kommentaren Anlaß geben (Perversion). Da in

> **Heinrich Heine**
>
> Die Welt ist so schön und der Himmel so blau,
> Und die Lüfte die wehen so lind und so lau,
> Und die Blumen winken auf blühender Au,
> Und funkeln und glitzern im Morgentau,
> Und die Menschen jubeln, wohin ich schau, –
> Und doch möcht ich im Grabe liegen,
> Und mich an ein totes Liebchen schmiegen.
>
> Heine, Buch der Lieder, a.a.O., S. 87

den beiden letzten Versen, die den Wunsch zum Ausdruck bringen, keinerlei Hinweise auf das Motiv der Todessehnsucht zu finden sind, müssen wir uns zwangsläufig bei unserer Motivsuche den fünf ersten Versen zuwenden. Durch eine subtile Sprachanalyse soll jetzt das Fassadenhafte der „schönen Welt" erschlossen werden. Für Schüler, die wenig Erfahrung in der Stil- und Sprachanalyse haben, dürfte dies nicht ganz leicht sein. Der Lehrer muß hier wohl dadurch lenken, daß er auf die entsprechenden Textstellen verweist.

Methodisch kann man hier variieren. Entweder entschließt man sich zur gemeinsamen Textanalyse im gelenkten Unterrichtsgespräch oder man gibt in einer kurzen Phase der Stillarbeit den Schülern Gelegenheit zur Eigenarbeit. Der Lehrer sollte die Methodenwahl von seiner spezifischen Lernsituation abhängig machen.

Auffällig an der Beschreibung der Umwelt ist eine merkwürdige Formelhaftigkeit („Welt ist so *schön*" – Himmel so *blau*"), die das Schönheitserlebnis dämpft und den Eindruck der Künstlichkeit, der Unechtheit hervorruft. Die Häufung des gleichen Reims (fünfmaliger Reim auf den dunklen Diphthong „au"), die Häufung der reihenden Konjunktion „und" (5 mal) sowie die hüpfende Bewegung des Metrums (Daktylen mit Auftakt) dementieren quasi in ihrer monotonen, rastlosen Bewegung den Eindruck

von Schönheit und Harmonie. Bei einer lauten Leseprobe entsteht unwillkürlich eine leiernde Intonation. Die Form in diesen 5 Versen gibt also das Gegenteil des Wortsinns zu verstehen. Das „Und doch ..." ist im Grunde gar nicht antithetisch gemeint. Es müßte heißen: „Und gerade deshalb ...". Gerade weil die Welt nicht so wohlgeraten schön ist, wie sie zu sein vorgibt oder scheint, gewinnt der Wunsch zu sterben an Plausibilität. Es gibt jedoch noch einen weiteren Hinweis auf ein Motiv für diesen Wunsch. Wir fragen nach der Stelle, wo das lyrische Ich zum ersten Mal erscheint. Es ist am Ende des fünften Verses und zwar in einer bemerkenswerten Position: als Randständiger, Beobachtender („wohin ich *schau*") und nicht als aktiv Teilhabender. Das Gefühl des Nicht-dazu-Gehörens, des Ausgeschlossenseins trübt den Blick für die Schönheit der Welt und für die Möglichkeit menschlicher Kommunikation („und die Menschen jubeln") und weckt das Todesbedürfnis.

Der Befund, daß der Sprecher im Gedicht sich als Randständiger von der Umwelt ausgeschlossen fühlt und die Welt zu glitzernd ist, um wirklich schön zu sein, führt zu der Annahme, daß in dieser Erkenntnis der Todeswunsch begründet liegt.

Wir haben bei der Analyse des Gedichtes ein Detail außer Acht gelassen: den Wunsch, sich „an ein *totes* Liebchen zu schmiegen". Der erotische Wunsch ist vereint mit dem Todeswunsch, die Geliebte wird anonym, beliebig oder allgemein (unbestimmter Artikel „ein"). Das Gefühl der Fremdheit und der Isolation des Ichs hat selbst in der Sphäre des Todes Bestand; oder ist der Wunsch nach Nähe und nach Geliebtwerden so mächtig, daß sich das Ich mit irgendeinem beliebigen „Liebchen" begnügt? Schlüssig kann dieses Wunschbild wohl nicht gedeutet werden.

Die *letzte Phase* des Unterrichts widmen wir der psychoanalytischen Bewertung dieses Todeswunsches. Enttäuschungen und Versagungen durch die Umwelt führen ja beileibe nicht bei jedem und jederzeit zu Todesgedanken. Bei unserem Sprecher muß also eine typische Befindlichkeit vorliegen, die ihn zu einer solchen Überreaktion disponiert. An dieser Stelle bitten wir den Schüler, das Kurzreferat über Melancholie und Todeswunsch vorzutragen. Hier eine Zusammenfassung der hauptsächlichen Gedanken:

Melancholische oder depressive Verstimmungen entstehen nach Freud immer dann, wenn in einer Person das Bedürfnis nach Liebe und Achtung übertrieben stark ausgebildet ist. Vor einem solch hohen Ideal von Geliebtwerden muß die Realität selbst in ihren positiven Erscheinungen („du bliebest mir gut" in dem Heine-Gedicht „Ich hab im Traum geweinet …") allemal versagen, Grund genug für den Melancholiker, sich weiterhin den depressiven Stimmungen hinzugeben. Nach Freud handelt es sich bei der melancholischen Depression um eine Regression in die orale Kindheitsphase. Dies erscheint sehr plausibel, wenn man bedenkt, daß in der Regel in dieser Phase der Kindheitsentwicklung die körperliche Bedürfnisbefriedigung – vermittelt über die Mundzone beim Saugen – noch optimal und ungetrübt war. Der Melancholiker sehnt sich also während seiner Trauerarbeit zu dem ozeanischen Glücksgefühl der ersten Kindheitserlebnisse zurück.
Nach Freud ist die Todessehnsucht bei Melancholikern die Wendung aggressiver Strebungen gegen das Ich. Wenn die Abfuhr der aggressiven Triebenergien, die durch Frustration durch die Umwelt ihre Nahrung erhalten, nach außen nicht gelingt (so oft bei Menschen mit starken Schuldgefühlen), kann sich der Aggressionstrieb gegen die eigene Person richten. Die extreme Form der Selbstzerstörung ist der Selbstmord; Annäherungsformen sind Krankheiten oder Selbstschädigungen durch Suchtmittel.
Aber nicht nur die Frustration aggressiver Bestrebungen durch die Umwelt kann zu Selbstdestruktion führen, sondern auch die ständige Versagung sexuell-erotischer Bedürfnisse. Freuds Trieblehre aus dem Jahre 1920 geht davon aus, daß es zwischen den beiden Haupttrieben, dem Aggressions- und dem Sexualtrieb – zu Vermischungen kommen kann, zu sog. ambivalenten Strebungen. Die Trieb*energie* beider Triebformen ist konstant, man kann sich dies bildhaft in Form eines Wasserreservoirs vorstellen, aus dem sich beide Triebe speisen. Bei Frustration eines der Triebe kann es zu *Umbiegungen* kommen, durch die die Triebabfuhr über den jeweils anderen Trieb erfolgt.

Die Aufgabe der *letzten Phase* dieser Unterrichtsstunde besteht nun darin, das Gedicht und die von uns bisher gewonnenen Ergebnisse zu befragen, ob sie mit dem von Freud formulierten Bild des Melancholikers übereinstimmen. Dies leisten wir im gelenkten Unterrichtsgespräch. Das Gefühl des Ausgeschlossenseins und des Nichteinbezogenseins in die von den Menschen freudig gestaltete Umwelt führt beim lyrischen Ich zu einer Triebumbiegung. Die auf eine Befriedigung im menschlichen Miteinander gerichteten erotischen Strebungen (Sexualtrieb im weitesten Sinne) vermischen sich mit dem

Aggressionstrieb und richten sich als Destruktion gegen die eigene Person. So entsteht der Todeswunsch. Die sexuelle Komponente dieses Todestriebes bleibt, wie wir in den beiden Schlußversen sehen, erhalten. Die in den heterosexuellen Außenbeziehungen enttäuschten Gefühle „retten sich" in die Sphäre des Todes hinüber. Dies ist ein anschauliches Beispiel für die von Freud aufgestellte These von der Möglichkeit der Triebmischung. Zur Veranschaulichung entwerfen wir während der Interpretation eine Strukturskizze an der Tafel.

Tafelbild

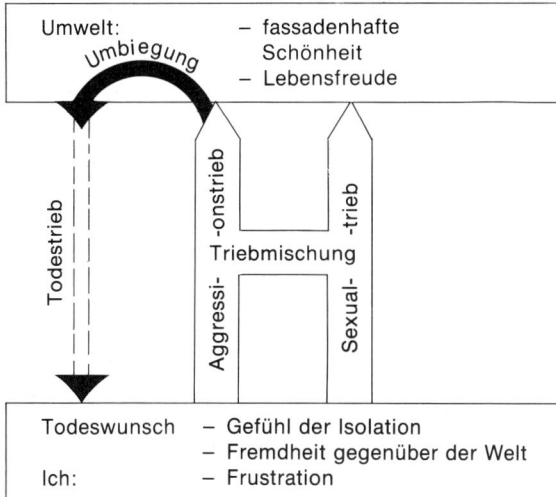

Erläuterung des Schaubildes:
Beide Triebe (Sexual- und Aggressionstrieb) erleiden eine Frustration, d.h. können in der Umwelt (bei den Objekten) nicht befriedigt werden. Die Eroberung der Umwelt (Aggressionstrieb) und die Teilhabe am menschlichen Miteinander (Sexualtrieb) gelingen dem Ich nicht. Die Triebenergien beider Triebe vereinigen sich (Triebmischung) und wenden sich als Todestrieb gegen das Ich (Todeswunsch).

Was jetzt noch zu klären ist, ist die Beantwortung der Frage nach den Ursachen dieser psychischen Struktur im Leben Heines oder in bestimmten, signifikanten historisch-gesellschaftlichen Erscheinungen. Wir halten diese Fragestellung als zu klärende Aufgabe für die Stunde „Biographischer Erklärungsversuch" fest.

3. Stunde:
„Mein Herz, mein Herz ist traurig"
Gefühlvolles Herz – gefühllose Welt / Todestrieb

Heinrich Heine

Mein Herz, mein Herz ist traurig,
Doch lustig leuchtet der Mai;
Ich stehe, gelehnt an der Linde,
Hoch auf der alten Bastei.

Da drunten fließt der blaue
Stadtgraben in stiller Ruh;
Ein Knabe fährt im Kahne,
Und angelt und pfeift dazu.

Jenseits erheben sich freundlich,
In winziger, bunter Gestalt,
Lusthäuser, und Gärten, und Menschen,
Und Ochsen, und Wiesen und Wald.

Die Mägde bleichen Wäsche,
Und springen im Gras herum:
Das Mühlrad stäubt Diamanten,
Ich höre sein fernes Gesumm.

Am alten grauen Turme
Ein Schilderhäuschen steht;
Ein rotgeröckter Bursche
Dort auf und nieder geht.

Er spielt mit seiner Flinte,
Die funkelt im Sonnenrot,
Er präsentiert und schultert –
Ich wollt, er schösse mich tot.

Heine, Buch der Lieder, a.a.O., S. 108

Das Gedicht bietet nichts grundsätzlich Neues, sondern vertieft und akzentuiert das Bild, das wir von der Heineschen Lyrik bisher gewonnen haben. Zwei stimmungsmäßige Brechungen verweisen wiederum auf eine melancholische Verfassung des lyrischen Ichs:

Strophe 1:
Mein Herz, mein Herz ist traurig,
Doch lustig leuchtet der Mai;"

und Strophe 6:
„Er spielt mit seiner Flinte,
Die funkelt im Sonnenrot,
Er präsentiert und schultert –
Ich wollt', er schösse mich tot."

Auch dieses Gebiet gipfelt im Todeswunsch. Auch hier stellt sich die Frage nach den inneren Antrieben für den Wunsch nach Selbstzerstörung.

Im Unterricht wird von diesen deutlichen

112

stimmungsmäßigen Brechungen ausgegangen und dann im Gedicht nach Anhaltspunkten und Beweggründen für die Todessehnsucht des lyrischen Ichs gesucht. In einer vom Lehrer gelenkten Stilanalyse wird das spezifische, entfremdete Welterleben des Text-Ichs herausgearbeitet.

Betrachten wir das Gedicht genauer! Die erste emotionale Brechung erfolgt durch eine schroffe Gegenüberstellung der fröhlichen, strahlenden Umwelt (Wonnemonat Mai) und der eigenen Depression. Die zweite Brechung erfolgt beim Anblick des präsentierenden Soldaten. Dieser verkörpert Stärke, eine lebensstarke Potenz, der gegenüber sich das Ich im Gedicht hoffnungslos unterlegen zu fühlen scheint. Auch in diesem Gedicht finden wir das Gefühl des Unterlegenseins und der Fremdheit, des Nicht-zurecht-Kommens in einer fröhlich gestimmten Umwelt.

Wenn man sich diese Umwelt, wie sie in den Strophen 2 bis 4 geschildert wird, genauer betrachtet, fällt wiederum die Reihung der wahrgenommenen Erscheinungen auf. In den Strophen 2 und 3 kommt 7mal die reihende Konjunktion „und" vor. Vor dem Auge des Beschauers („Ich stehe, gelehnt an der Linde") verschwimmen die Unterschiede zwischen der belebten und unbelebten Natur, zwischen Mensch und Tier. Die einzelne Erscheinung wird zum Wahrnehmungspartikel, das Ganze zur Summation der Teile. Augenfällig wird auf ein Weiterleben verwiesen, das die Umwelt nicht mehr als sinnvoll gefügt und erlebbar begreift, sondern als verdinglicht und der Erfahrung des einzelnen entfremdet, fremd geworden. Im nächsten Interpretationsschritt wenden wir uns dem Standort des lyrischen Ichs im Gedicht zu. Über dem Geschehen und über der Umwelt stehend („hoch auf der alten Bastei"), beschaut es die Welt. Wie ein Film ziehen die Erscheinungen der Außenwelt gleichsam panoramahaft am Blick vorbei. Auch hier ist das lyrische Ich wie im Gedicht

„Die Welt ist so schön . . ." ein Betrachtender, kein Beteiligter. Als Randständiger konstatiert der Sprecher des Gedichtes den empfundenen Widerspruch zwischen gefühlvollem Herzen (man beachte den emotionalen Gestus des Eingangsverses: „Mein Herz, mein Herz ist traurig") und gefühlloser Welt. Die *letzte Phase* des Unterrichts gilt der psychoanalytischen Deutung des analysierten Sachverhaltes. Hier verfahren wir wie bei der Besprechung des vorigen Gedichtes. Das Schüler-Referat über Melancholie und die Freudsche Todestriebtheorie ermöglichen den Einstieg in die psychoanalytische Interpretation. Wir halten fest, daß sich hier die auf Verschmelzung gerichteten erotischen (Lebens-)Triebe angesichts einer kalt und zusammenhanglos erlebten Umwelt gegen das eigene Ich richten. Eine direkte sexuelle Komponente findet sich – im Gegensatz zum vorigen Gedicht – hier nicht.

4. Stunde:
Biographischer Erklärungsversuch: Mißlungene Identifikation

Vor dieser Stunde sind in der Regel zwei Gedichte von Heinrich Heine im Unterricht analysiert und psychoanalytisch gedeutet worden. Jetzt gilt es, ähnlich wie bei Rilke, den analytischen Befund, nämlich die ins Auge springende Häufung melancholischer Affekte in Heines Lyrik vor dem Hintergrund der Lebensgeschichte Heines zu erklären. Daß sich die klassische Psychoanalyse dabei besonders um die Kindheitserlebnisse bemüht, versteht sich. Bei Heine liegt nun das biographische Material nicht so kompakt greifbar vor wie bei Rilke, bei dem wir uns auf eine Menge persönlicher Zeugnisse mit großem Offenbarungscharakter stützen können. Bei Heine muß das Material aus verschiedenen Biographien und Sekundärschriften zusammengetragen werden.

Unter der unten zitierten und angegebenen Literatur sollte sich der Schüler, der das Leben Heines in Referatform vorstellt, vor allem auf zwei Schriften stützen, die nicht allzu umfangreich sind:

Martin Walser, Heines Tränen, Düsseldorf 1981.

Heinz Tischer, Ironie und Resignation in der Lyrik Heinrich Heines, Hollfeld 1973; darin Kap. 4: Der entlaufene Romantiker, und Kap. 5: Grisettenlyrik.

Bevor der Schüler das Leben Heines dem Plenum vorstellt, erinnern wir ganz kurz daran, welches Erkenntnisinteresse die Psychoanalyse der Dichterbiographie zuteil werden läßt. In der 6. Stunde unseres Freud-Lehrgangs haben wir anhand zweier Aufsätze (Freud und A. Bergmann) herausgearbeitet, wie die Psychoanalyse die Entstehung literarischer Werke sieht. Dazu halten wir in Stichpunkten folgendes an der Tafel fest:

Tafelbild:

Freud: Literatur gestaltet insgeheime Wunschträume des Dichters, die über das Unbewußte Kindheitserlebnisse und aktuelle Erfahrungen mitteilen.

Bergmann: (Adlerscher Ansatz): Dichten ist Kompensieren. Es dient der Überwindung von Minderwertigkeitsgefühlen.

Darauf hören wir das Schülerreferat. Hier einige Informationen für den Lehrer:

Über die Ursachen der melancholischen Verstimmung im Werk Heines hat die Fachwissenschaft sich sehr eingehend ausgelassen. Die Vermutungen reichen von der Annahme, der Dichter habe die düster-melancholische Tonlage seiner Gedichte mit Kalkül gewählt, um mit dieser modischen Attitüde die Auflage seiner Gedichte zu erhöhen, bis zu soziologischen Untersuchungen über den allgemeinen Umbruch, in dem sich die Zeit befunden habe und der eine solche Grundstimmung bei sensiblen Geistern geradezu herausgefordert habe.

Diese *soziologischen Erklärungen* haben natürlich etwas für sich. Das 19. Jahrhundert, an dessen Schwelle Heine geboren ist, bedeutete in vielfacher Hinsicht einen tiefgreifenden Paradigmawechsel im kulturellen, sozialen und persönlichen Leben. Industrialisierung und Geldverkehr setzten die äußeren Markierungen. Die Ernüchterung nach der Französischen Revolution und die konservative Neuordnung des Kontinents nach dem Wiener Kongreß dämpften hochfliegende politisch-utopische Pläne und förderten die Bescheidung in der Idylle und im kleinen Glück. Geistiges und politisches Anspruchsdenken war nicht mehr gefragt. Im Schoße der politischen Kämpfe um Fortschritt oder Reaktion sollte sich dann ein Widerspruch als der für das 19. und 20. Jahrhundert bestimmende herauskristallisieren: der soziale Widerspruch zwischen Unternehmertum und Arbeiterschaft. Dieser Widerspruch geht – wie wir aus Heines Mund wissen – durch ihn hindurch. Aus Gerechtigkeitssinn war er für die kommunistischen Ideen aufgeschlossen, gleichzeitig empfand er Angst vor der Kulturlosigkeit und Barbarei der neuen Klasse. Nicht zuletzt wurde von den großen europäischen Denkern und Philosophen der Religion das geistige Fundament entzogen, indem sie die wissenschaftliche Unhaltbarkeit des religiösen Dogmas bewiesen. Kant siedelte den Begriff Gottes jenseits der erfahrbaren Erscheinungswelt an und verwies auf ein reduziertes, rein praktisches Religionsverständnis, auf unser sittliches Handeln.

Es ließe sich bestimmt im einzelnen nachweisen, daß das hier geschilderte Geflecht von Umorientierungen zur geistig-seelischen Verunsicherung vieler Dichter beigetragen hat. Wenn wir an Gestalten wie Kleist, Hölderlin, Mörike und Meyer denken, wäre man versucht, die relativ große Zahl seelisch fragiler Dichterfiguren zu jener Zeit auf die oben geschilderten Prozesse zurückzuführen. Befriedigen kann ein solcher Ansatz jedoch nicht völlig, weil in ihm das Diktat der Zeitenwende als allzu allgemeiner, das Spezifische beim jeweiligen Dichter außer acht lassender Mechanismus in Erscheinung tritt.

Die *Psychoanalyse* wendet sich einem anderen Untersuchungsbereich zu: dem Dichter selber. Sie vermutet in den seelischen Verstrickungen in Heines Leben die eigentlichen Ursachen für seine Neigung zu Pessimismus und Trauer.

Die Psychoanalyse registriert Depression und Melancholie bei Menschen, deren Bedürfnis nach Liebe und Achtung übertrieben stark ausgebildet ist. Die Melancholie äußert sich häufig in Schuld- und Vernichtungsgefühlen und in Reaktionen der Selbstbestrafung; sie nährt sich also aus dem bedrückenden Gefühl, die an die eigene Person gerichteten Erwartungen nicht erfüllt zu haben. Nach den Zeugnissen, die wir über Heines Kindheit besitzen, kann man ein repressives Erziehungsverhalten gegenüber dem Kinde ausschließen. Die Reglementierungen mögen sich innerhalb des Rahmens dessen bewegt haben, was im angehenden 19. Jahrhundert in gebildeten Familien üblich gewesen ist. Die Schuldgefühle des Kindes müssen also andere Ursachen haben. Ein Grund war, daß Heine in der deutschen Sprache nie richtig heimisch wurde, was angesichts der Meisterschaft, mit der er sie handhabte, ein Paradox genannt werden muß. Adorno nennt den Heineschen Sprachgestus den „von mißlungener Identifikation"[1]. Adorno deutet die Widerstandslosigkeit gegenüber dem glatten Wort als den „nachahmenden Übereifer des Ausgeschlossenen[1]. Heines Mutter, gewöhnt an das Hebräische, war des Deutschen nur unvollkommen mächtig, und auch Heine selbst hatte bis in seine Studienjahre hinein mit der deutschen Grammatik seine Probleme. Das Französische ist ihm sehr leicht von der Zunge gegangen. Zwei widersprüchliche Zitate aus dem Jahre 1824 illustrieren den Zwiespalt, den Heine in seinem Verhältnis zur deutschen Sprache empfand:

„. . . ich weiß nur zu gut, daß mir das Deutsche das ist, was dem Fische das Wasser ist, daß ich aus diesem Lebenselement nicht herauskann, und daß ich – um das Fischgleichnis beizubehalten – zum Stockfisch vertrocknen muß, wenn ich . . . aus dem Wasser des Deutschtümlichen herausspringe." „. . . meine Brust ist ein Archiv deutschen Gefühls . . ."[2]

und

„Alles, was deutsch ist, ist mir zuwider, . . . alles Deutsche wirkt auf mich wie ein Brechmittel. Die deutsche Sprache zerreißt meine Ohren. Die eigenen Gedichte ekeln mich zuweilen an, wenn ich sehe, daß sie auf deutsch geschrieben sind."[3]

Die Heimatlosigkeit im Sprachlichen korrespondiert mit der Heimatlosigkeit im Nationalen. Walser vertritt in seiner Heine-Rede die Auffassung, daß sich „Heines Tränen" nur als Ausdruck der ungenügenden nationalen Identität zutreffend erklären lassen:

„Heine brachte es in seinem Leben zu zwei Identitäten: zu der eines deutschen Dichters und zu der eines Juden. Aber zwei Identitäten, das ist weniger als eine."[4]

Heine litt schon als Jugendlicher unter dem Judenhaß der deutschnationalen Kreise, vor allem der Burschenschaften. Seine Anpassungsversuche bis hin zur Konversion sind uns bekannt. Weniger wohl die Schmerzen, die eine solche Mimikry in ihm verursacht haben mag: 1826 schreibt er über seine Auswanderungspläne an den Freund Moser, nicht Wanderlust treibe ihn fort, sondern „die Qual persönlicher Verhältnisse (z.B. der nie abzuwaschende Jude) . . ."[5] Die Angst, als Jude aufzufallen, bestimmte hinfort seine Erlebnisart, die er ein „beständiges Konstatieren meiner Persönlichkeit" nennt. Die Ironie, die kokette Schwester der Trauer, wäre nach dieser Interpretation dann nur die andere Ausdrucksart der resignativen Befindlichkeit. Walser nennt die Ironie die „Aussageart der Unfesten, deren Ich keine feste Burg ist und die auch sonst keine solche haben."[6]

Die Ursachen für die Schuldgefühle Heines scheinen also tatsächlich in dem Empfinden der Heimatlosigkeit und des Ausgeschlossenseins – vermittelt über die drängenden Ansprüche der Eltern – zu suchen sein. Daß Heine die beruflichen Pläne der Eltern, die auf eine kaufmännische bzw. juristische Ausbildung reflektierten, durch seinen Drang zur Dichterexistenz durchkreuzte, war natürlich zusätzliche Quelle für Selbstbezichtigung und resignative Zweifel.

Anmerkungen:

1 Th. W. Adorno, Die Wunde Heine, in: Noten zur Literatur I, Frankfurt/M. 1969, S. 151
2 Heinrich Heine, Briefe, hrsg. von Friedrich Hirth, Mainz/Berlin 1949/50, 1. Teil, S. 150
3 Heine, Briefe, a.a.O., S. 38
4 Martin Walser, Heines Tränen, Düsseldorf 1981, S. 16
5 Heine, Briefe, a.a.O., S. 284
6 Walser, a.a.O., S. 45f.

Weitere Literatur:

Dolf Sternberger, Heinrich Heine und die Abschaffung der Sünde, Frankfurt/M. 1976
F. J. Raddatz, Heine, Ein deutsches Märchen, Frankfurt/M. 1979
L. Marcuse, Heinrich Heine in Selbstzeugnissen und Bilddokumenten, Reinbek b. Hamburg 1960

Der Lehrer kann nicht voraussetzen, daß der referierende Schüler alle hier skizzierten Aspekte des Persönlichkeitsbildes Heines aus den ihm zur Verfügung stehenden Büchern herausarbeitet. Dazu bedarf es doch einer gehörigen Portion Erfahrung in Referieren, über die Oberstufenschüler in der Regel nicht verfügen. Deshalb wird er nach dem Referat darangehen müssen, durch Ergänzungen, Verstärkungen und Kommentierungen die Konturen des Heine-Bildes schärfer zu ziehen. Zum Schluß der Stunde ziehen wir die Ergebnisse unserer Gedichtanalysen heran und erarbeiten gemeinsam folgendes Schlußbild von Persönlichkeit und Lyrik Heines:
Melancholie und Trauer haben ihre Wurzel in tiefsitzenden Identitätsproblemen. Diese betreffen Sprache und Nationalität (bzw. Religion) Heines. Schuldgefühle entstehen bei ihm wohl deshalb, weil er die bei ihm besonders stark ausgebildeten Bedürfnisse nach Liebe und Anerkennung durch seine Anpassungsversuche nicht befriedigen konnte. Die Psychoanalyse sieht in der melancholisch-depressiven Verstimmung eine Regression in die orale Phase der Kindheitsentwicklung. Die Depression ist demzufolge das Negativbild des ozeanischen Glücksgefühls, das während der oralen Phase beim Kind vorherrscht.

In der Regression sucht der Erwachsene immer die Phase, die ihm größtmögliche libidinöse Befriedigung ermöglichte. Da die Freuden der durch Regression gesuchten Phase nie mehr in Reinform genossen werden können, werden Ersatzbefriedigungen geschaffen, die noch in Verbindung zur Regressionsphase stehen. Der „orale Typus" befriedigt sich über die Mundzone, bei Essen und Trinken oder beim Reden. Man könnte insofern den gewandten Umgang Heines mit der Sprache, den Kritiker wie z. B. Karl Kraus „skandierten Journalismus" nannten, als Terrain betrachten, auf dem Heine die Befriedigung fand, die ihm im Kernbereich seines Lebens, in der Anerkennung als Jude, versagt blieb. Dann wäre Sprachgewandtheit das übriggebliebene Surrogat der ehemals glückbringenden Oralität des Kindes.

Gottfried Benn, Gesänge

Gottfried Benn
Gesänge

1.

Oh, daß wir unsre Ur-ur-ahnen wären.
Ein Klümpchen Schleim in einem warmen Moor.
Leben und Tod, Befruchten und Gebären
Glitte aus unseren stummen Säften vor.

Ein Algenblatt oder ein Dünenhügel:
Vom Wind geformtes und nach unten schwer.
Schon ein Libellenkopf, ein Möwenflügel
Wäre zu weit und litte schon zu sehr. –

2.

Verächtlich sind die Liebenden, die Spötter,
Alles Verzweifeln, Sehnsucht und wer hofft.
Wir sind so schmerzliche, durchseuchte Götter. –
Und dennoch denken wir des Gottes oft.

Die weiche Bucht. Die dunklen Wälderträume.
Die Sterne schneeballblütengroß und schwer.
Die Panther springen lautlos durch die Bäume.
Alles ist Ufer. Ewig ruft das Meer. –

Didaktische Vorbemerkung:

Das berühmt gewordene Gedicht aus dem Jahre 1913 entstammt einer Zeit, in der der Dichter die aus dem Intellekt geborene Überheblichkeit des Menschen attackierte und in für die Zeitgenossen schockierenden Gemälden ein Bild vom Menschen aus Krankheit und Triebhaftigkeit malte. In diesem Gedicht wird das Unintellektuelle beschworen, die Sehnsucht nach unkomplizierter dumpf-körperlicher Existenz. Der Mensch im Widerstreit zwischen Intellekt und Trieb – diese Vorstellung ließ Benn zeitlebens nicht mehr los, auch wenn er in seinen späten Jahren den Verstand als Bestandteil unseres Daseins akzeptierte. „Die Welt zerdacht" (aus: „Verlorenes Ich") und „Das Hirn ist unser Schicksal, unsere Aufgabe, unser Fluch" sind für Benn typische Formulierungen.

Es ist denkbar, daß dieses Gedicht wegen der Radikalität des darin Artikulierten bei den Schülern auf Skepsis oder gar Ablehnung stößt und daß daraus bei ihnen eine Abwehrhaltung gegen die Auseinandersetzung mit dem Gedicht entspringt. Sie könnte auch auf einem insgeheimen und von den Schülern mit Erschrecken konstatierten Einverständnis basieren. Wörter wie „kalte Intelligenz", „technokratische Vernunft", signalisieren gerade unter Jugendlichen einen Paradigmawechsel, der in der skeptischen

Einstellung gegenüber Vernunft und Verstand und in der Hinwendung zu Gefühl und Körper durchaus Parallelen zum Bennschen Verstandesekel aufweist. Der Lehrer, der mit den Affekten, die sich bei den Schülern in Verbindung mit diesem Gedicht einstellen, überlegt umzugehen weiß, wird mit Resonanz und vielleicht sogar Begeisterung rechnen können.

Das Gedicht ist der letzte Text innerhalb des letzten Themenschwerpunktes („Versuche über Trauer, Regression und Tod"), ja der letzte Text der ganzen Unterrichtseinheit. Er setzt nicht nur wegen des relativ hohen Schwierigkeitsgrades, sondern wegen der inhaltlichen Problematik einen würdigen und anspruchsvollen Schlußpunkt. In ihm verkörpert sich nämlich in Gestalt einer individuell ersehnten Regression eine Art von Zeitkritik, die typisch ist für den nihilistisch gesonnenen Teil der europäischen Intelligenz an der Schwelle zum 20. Jahrhundert. Diese Kritik nimmt die ganze abendländische Kultur- und Geistesentwicklung, die bislang für fortschrittlich und glückbringend gehalten worden war, zurück und nimmt Zuflucht im regressiv ersehnten Nichts. Dieser geistigen Herausforderung sollte sich ein anspruchsvoller Deutschunterricht immer wieder stellen.

Das Gedicht stellt im Unterricht vor allem im zweiten Teil erhebliche Ansprüche an das Verständnis der Schüler. Überhaupt verschließt sich das Gedicht stellenweise einer eindeutigen Entschlüsselung. Dies liegt an der von Benn im zweiten Teil angewandten Technik der Gedankenketten oder Assoziationsreihen. Der Begriff Assoziation kommt aus der Psychologie und bezeichnet die Erscheinung im menschlichen Seelenleben, daß sich selbständig, auch gegen unseren Willen eine Erscheinung an die andere knüpft. Benn hat selbst eine Begründung für die Verwendung dieser Technik gebracht: „Wir werden uns damit abfinden müssen, daß Worte eine latente Existenz besitzen,

die auf entsprechend Eingestellte als Zauber wirkt und sie befähigt, diesen Zauber weiterzugeben. Dies scheint mir das letzte Mysterium zu sein, vor dem unser immer waches, durchanalysiertes, nur von gelegentlichen Trancen durchbrochenes Bewußtsein seine fühlt." (Zitiert nach: Van Rinsum, Dichtung und Deutung. Eine Geschichte der deutschen Literatur in Beispielen. München 1975, S. 285.) Das, was hier auf der literarischen Ebene als Wortmagie erscheint, ist – ins Psychoanalytische übersetzt – nichts anderes als das Abrufen verschütteter Impulse aus dem Es, dem Sammelbecken der verdrängten Triebe.

28. Stunde: „Das Gehirn ist ein Irrweg" / Sehnsucht nach Umkehrung der Evolution

Zu Beginn der Besprechung klären wir im *gelenkten Unterrichtsgespräch* die *kommunikative Situation,* die wir bei dem Gedicht vorfinden. Das lyrische Ich spricht einen Wunsch aus und zwar in kollektiver Form („O daß *wir* ..."). Aus dem folgenden („Ururahnen") werden die Schüler sehr leicht schließen können, daß Benn hier für die Gattung Mensch spricht. Im nächsten Schritt fragen wir nach dem Inhalt des geäußerten Wunsches. Dazu müssen wir die Bedeutung der teilweise sehr konkret gewählten *Bilder entschlüsseln.* Wir tun dies in *gemeinsamer Text- und Tafelarbeit.* Der starke Akzent auf gemeinsamer, vom Lehrer gelenkter Textarbeit erscheint nötig, um den Schülern den Einstieg in dieses doch recht schwierige Gedicht zu ermöglichen. Im späteren Verlauf des Unterrichts werden sich noch Aufgaben ergeben, die die Schüler in Eigenarbeit lösen können. In einem *tabellarischen Tafelbild* stellen wir die wichtigsten Bilder des ersten

Gedichtteils zusammen und ergänzen sie durch die jeweilige Deutung.

In der zweiten Phase schließt sich eine vorläufige Gesamtdeutung des ersten Teils an. Wir halten fest, daß hier einer Umkehrung der biologischen Evolution das Wort geredet wird, die ursächlich dafür verantwortlich sei, daß der Mensch zu einem ausdifferenzierten und „verhirnten" Wesen geworden ist. Mit diesem *Zwischenergebnis* schließt die erste Stunde.

29. Stunde:
Zurücknahme des Ichs ins Es/ Phylogenetische und ontogenetische Form der Regression

In der zweiten Stunde wenden wir uns dem *zweiten Gedichtteil* zu. Im *fragend-entwickelnden Unterrichtsgespräch* erschließen wir die negative Bewertung, die der lyrische Sprecher den typisch menschlichen Emotionen zuteil werden läßt: lieben, verzweifeln, spotten, sich sehnen, hoffen. Diese Gefühlswerte sind ja gerade Ausdruck der biologischen Verfeinerung, die den Menschen als Endprodukt hervorgebracht hat. In einer antithetischen Setzung wird in den nächsten beiden Formulierungen das Dilemma des Menschen dargestellt: Die Annäherung an göttliche Vollkommenheit wird erkauft durch Schmerzen und Leiden (die im Grunde nur so zu Schmerzen werden, daß man sie als solche intellektuell oder besser gehirnmäßig registriert). Trotz dieser existentiellen Aporie verblaßt im Menschen die Sehnsucht nach Gott – als der höchsten Vervollkommnung – nicht.

Bevor wir uns an das Kernstück des ganzen Gedichtes, die letzte Strophe, heranwagen, schalten wir eine *kurze Reflexionsphase* ein, in der wir mit den Schülern über das *methodische Vorgehen bei der Deutung* dieser Strophe diskutieren. Beim bloßen Augenschein

wird den Schülern die Nähe der in Bildern aneinandergereihten Phantasmagorien zu Traumbildern auffallen. Wir bestätigen diese Vermutung und ergänzen sie durch das eingangs erwähnte Zitat Benns über die Zauberwirkung, die Magie des Wortes.

Diese Strophe breitet in asyndetischer Reihung das assoziative Material aus, dessen – in den Worten Benns gesprochen – „latente Existenz" es zu enthüllen gilt. Als Methode wählen wir hier die *arbeitsgleiche Gruppenarbeit*. Als Arbeitshilfe sollten die bereits häufiger erwähnten *Traumbücher* zur Verfügung stehen. Die Arbeitszeit dürfte bei konzentriertem Arbeiten der Schüler etwa eine Viertelstunde betragen. Die *Auswertung der Ergebnisse* erfolgt im *Unterrichtsgespräch*. Wir halten die Resultate – nach den wahrscheinlich notwendigen Korrekturen – stichpunktartig an der *Tafel* fest.

Auch hier soll eine *vorläufige Zusammenfassung* die Textarbeit abschließen: Die Assoziationen des lyrischen Sprechers signalisieren einen Aufbruch nach innen in die eigene Triebnatur. Durch die Freisetzung der aggressiven und erotischen Triebe soll der leidvollen Erfahrung mit dem Intellekt entgegengewirkt werden.

In der *letzten Phase* der Stunde versuchen wir eine *Gesamtdeutung des Gedichtes*. Dazu müssen wir die Einzelergebnisse der Interpretation miteinander verbinden. Wir halten fest, daß Benn im Grunde *zwei Arten von Regression* thematisiert: die *phylogenetische*, gattungsgeschichtliche in Teil 1 des Gedichtes und die *ontogenetische*, individuelle im zweiten Teil. Die erste bedenkt die Rückkehr zum Urelement des Wassers, das Rückgängigmachen der Evolution mit dem Menschen als Endprodukt; die zweite impliziert die Auflösung des Ichs in das Es, d. h. die Auslöschung des realitätsbezogenen Teils in der menschlichen Psyche.

An dieser Stelle der Deutung fragen wir die Schüler, wie sie sich eine solche Zurücknahme des Ichs vorstellen könnten. Da eine

Rückkehr in die kindlichen Triebstadien, die noch sehr viel Es-betonter sind als ihre späteren charakterologischen Ableger, selbst bei der massivsten *neurotischen* Regression nicht möglich ist, muß es eine andere Art der Ich-Auflösung geben. Möglich ist eine solche Zurücknahme des Ichs ins Es eigentlich nur in der *Psychose*. Handelt es sich doch bei ihr, wie Freud entdeckte, um einen Konflikt zwischen Ich und Außenwelt, der durch einen regressiven Bruch mit der Wirklichkeit, als der Quelle der Frustration, „gelöst" wird. Das Ich neigt dann dazu, sich vom Es, von den Wahngebilden des unstrukturierten Unbewußten, überwältigen zu lassen.

Resultat eines solchen Vorgangs ist eine „Entdifferenzierung" oder „Primitivierung" des Verhaltens. Die im Gedicht ausgedrück-te und an die Psychose gemahnende Vision bedeutet die völlige Negation der Freudschen Emanzipationsmaxime: „Wo Es war, soll Ich sein!". Schonungsloser und kompromißloser ist – glaube ich – der Realitätszerfall und Sinnverlust in unserer modernen Zeit literarisch nicht bewältigt worden. Die hier skizzierten Einsichten in das Wesen der Psychose werden den Schülern ohne starke Hilfen durch den Lehrer nicht möglich sein. Bei der Besprechung des „Sandmann" haben wir uns zwar mit der Psychose beschäftigt, jedoch nicht in der komprimierten und begrifflich abstrahierten Form wie bei Benn. Mit einer möglichst offen geführten Diskussion über den historisch-philosophischen Gehalt des Bennschen Nihilismus schließen wir die Besprechung des Gedichtes ab.

Klausurvorschläge

Test 1

1. Zeichnen Sie ein Schema des psychischen Apparates nach S. Freud, und erläutern Sie dessen Funktionsweise!
2. Erläutern Sie das von Freud entdeckte Gesetz von der quantitativen Erhaltung der Libido an einem lebensnahen Beispiel. Benutzen Sie dabei die Freudsche These von den beiden Grundtrieben!
3. Was versteht Freud unter dem Ödipuskomplex?
4. „Die Symptome der Neurosen sind durchweg ... entweder Ersatzbefriedigungen eines sexuellen Strebens oder Maßnahmen zu ihrer Verhinderung". Erläutern Sie dieses Zitat von S. Freud!
5. Erläutern Sie am Beispiel der Phobien den Zusammenhang von Krankheitsbild und Triebstadium!

Bewertung:
Je Aufgabe max. 20 Punkte (100 Punkte = 15 P./1+)

Zeit: 1 Stunde

Arbeitsmittel: keine

Test 2

1. Charakterisieren Sie die Entstehung des „Ich" in der Kindheitsentwicklung und seine Bedeutung im psychischen Apparat nach S. Freud.
2. Welche hauptsächlichen Triebe kennt Freud? Wie erklärt er ihre Wirkungsweise?
3. Nennen Sie die wichtigsten kindlichen Entwicklungsphasen (Triebstadien), und erläutern Sie kurz deren Bedeutung für die seelische Entwicklung des Kindes!
4. Erläutern Sie am Beispiel der Hypochondrie den Zusammenhang von Krankheitsbild und Triebstadium!
5. Welche Parallele sieht Freud zwischen dem Werk eines Dichters und dem Traum? Was bedeutet diese Parallele für die Interpretation von Literatur?

Bewertung:
Wie bei Test 1

Klausur 1

Heimkehr

Ich bin zurückgekehrt, ich habe den Flur durchschritten und blicke mich um. Es ist meines Vaters alter Hof. Die Pfütze in der Mitte. Altes, unbrauchbares Gerät, ineinanderverfahren, verstellt den Weg zur Bodentreppe. Die Katze lauert auf dem Geländer. Ein zerrissenes Tuch, einmal im Spiel um eine Stange gewunden, hebt sich im Wind. Ich bin angekommen. Wer wird mich empfangen? Wer wartet hinter der

Tür der Küche? Rauch kommt aus dem Schornstein, der Kaffee zum Abendessen wird gekocht. Ist dir heimlich, fühlst du dich zu Hause? Ich weiß es nicht, ich bin sehr unsicher. Meines Vaters Haus ist es, aber kalt steht Stück neben Stück, als wäre jedes mit seinen eigenen Angelegenheiten beschäftigt, die ich teils vergessen habe, teils niemals kannte. Was kann ich ihnen nützen, was bin ich ihnen und sei ich auch des Vaters, des alten Landwirts Sohn. Und ich wage nicht, an der Küchentür zu klopfen, nur von der Ferne horche ich, nur von der Ferne horche ich stehend, nicht so, daß ich als Horcher überrascht werden könnte. Und weil ich von der Ferne horche, erhorche ich nichts, nur einen leichten Uhrenschlag höre ich oder glaube ihn vielleicht nur zu hören, herüber aus den Kindertagen. Was sonst in der Küche geschieht, ist das Geheimnis der dort Sitzenden, das sie vor mir wahren. Je länger man vor der Tür zögert, dest fremder wird man. Wie wäre es, wenn jetzt jemand die Tür öffnete und mich etwas fragte. Wäre ich dann nicht selbst wie einer, der sein Geheimnis wahren will.

Franz Kafka, Heimkehr, in: Franz Kafka, Sämtliche Erzählungen, Fischer TB 1078, Frankfurt/M. 1975, S. 320

Aufgaben:
1. Deuten Sie die Parabel von F. Kafka „Heimkehr" textimmanent!
2. Ergänzen Sie diese Interpretation durch einen psychoanalytischen Ansatz! Greifen Sie dabei auf den „Brief an den Vater" zurück!
3. Berücksichtigen Sie bei beiden Aufgaben die sprachliche Struktur des Textes!

Klausur 2

Texte:
(1) „. . . Das Frühstücksgeschirr stand in überreicher Zahl auf dem Tisch, denn für den Vater war das Frühstück die wichtigste Mahlzeit des Tages, die er bei der Lektüre verschiedener Zeitungen stundenlang hinzog. Gerade an der gegenüberliegenden Wand hing eine Photographie Gregors aus seiner Militärzeit, die ihn als Leutnant darstellte, wie er, die Hand am Degen, sorglos lächelnd, Respekt für seine Haltung und Uniform verlangte . . ." (S. 66)
(2) „. . . Mit einer Art Eigensinn weigerte sich der Vater, auch zu Hause seine Dieneruniform abzulegen; und während der Schlafrock nutzlos am Kleiderhaken hing, schlummerte der Vater vollständig angezogen auf seinem Platz, als sei er immer zu seinem Dienste bereit und warte auch hier auf die Stimme des Vorgesetzten. Infolgedessen verlor die gleich anfangs nicht neue Uniform trotz aller Sorgfalt von Mutter und Schwester an Reinlichkeit, und Gregor sah oft ganze Abende lang auf dieses über und über fleckige, mit seinen stets geputzten Goldknöpfen leuchtende Kleid, in dem der alte Mann höchst unbequem und doch ruhig schlief . . ." (S. 86)

Franz Kafka, Die Verwandlung, in: Franz Kafka, Sämtliche Erzählungen, Fischer TB 1078, Frankfurt/M. 1975, S. 66, 86

Aufgaben:

1. Untersuchen Sie die Funktion des Uniformschmuckes für Gregor und seinen Vater mit Hilfe eines psychoanalytischen Ansatzes!
2. Beziehen Sie die Gesamtdeutung der Erzählung „Die Verwandlung" in Ihre Erklärung mit ein!

Klausur 3

Text:

„. . . Die ganze Figur (des Coppelius) war überhaupt widrig und abscheulich; aber vor allem waren uns Kindern seine großen knotichten, haarichten Fäuste zuwider, so daß wir, was er damit berührte, nicht mehr mochten. (. . .) Wir durften, war er zugegen, keinen Laut von uns geben und verwünschten den häßlichen, feindlichen Mann, der uns recht mit Bedacht und Absicht auch die kleinste Freude verdarb . . ." (S. 8)

„Ach Gott! – Wie sich nun mein alter Vater zum Feuer herabbückte, da sah er ganz anders aus. Ein gräßlicher krampfhafter Schmerz schien seine sanften ehrlichen Züge zum häßlichen widerwärtigen Teufelsbild verzogen zu haben. Er sah dem Coppelius ähnlich (. . .)." (S. 9)

Zitate aus: E. T. A. Hoffmann, Der Sandmann, Stuttgart 1969, S. 8 und 9

Aufgaben:

1. Deuten Sie – ausgehend von den beiden Textstellen – in Kürze die Erzählung „Der Sandmann" mit Hilfe eines psychoanalytischen Ansatzes!
2. Erörtern Sie, was diese Methode der Literaturanaylse im Unterschied zu den herkömmlichen Methoden (werkimmanente, soziologische) leistet. Beziehen Sie sich dabei auf die obige Erzählung!

Klausur 4

Text

Sie beschlossen, den heutigen Tag zum Ausruhen und Spazierengehen zu verwenden; sie hatten diese Arbeitsunterbrechung nicht nur verdient, sie brauchten sie sogar unbedingt. Und so setzten sie sich zum Tisch und schrieben drei Entschuldigungsbriefe, Herr Samsa an seine Direktorin, Frau Samsa an ihren Auftraggeber und Grete an ihren Prinzipal. Während des Schreibens kam die Bedienerin herein, um zu sagen, daß sie fortgehe, denn ihre Morgenarbeit war beendet. Die drei Schreibenden nickten zuerst bloß, ohne aufzuschauen, erst als die Bedienerin sich immer noch nicht entfernen wollte, sah man ärgerlich auf. „Nun?" fragte Herr Samsa. Die Bedienerin stand lächelnd in der Tür, als habe sie der Familie ein großes Glück zu melden, werde es aber nur dann tun, wenn sie gründlich ausgefragt werde. Die fast aufrechte kleine Straußfeder auf ihrem Hut, über die sich Herr Samsa schon während ihrer ganzen Dienstzeit ärgerte, schwankte leicht nach allen Richtungen. „Also was wollen Sie eigentlich?" fragte Frau Samsa, vor welcher die Bedienerin noch am meisten Respekt hatte. „Ja", antwortete die Bedienerin und konnte vor freundlichem Lachen nicht gleich weiterreden, „also darüber, wie das Zeug von nebenan weggeschafft werden soll, müssen Sie sich keine Sorgen machen. Es ist schon in Ordnung." Frau Samsa und Grete beugten sich zu ihren Briefen nieder, als wollten sie weiterschreiben; Herr Samsa, welcher merkte, daß die Bedienerin nun alles ausführlich zu beschreiben anfangen wollte, wehrte dies mit ausgestreckter Hand entschieden ab. Da sie aber nicht erzählen durfte, erinnerte sie sich an die große Eile, die sie hatte, rief offenbar beleidigt: „Adjes allseits", drehte sich wild um und verließ unter fürchterlichem Türezuschlagen die Wohnung.

„Abends wird sie entlassen", sagte Herr Samsa, bekam aber weder von seiner Frau noch von seiner Tochter eine Antwort, denn die Bedienerin schien ihre kaum gewonnene Ruhe wieder gestört zu haben. Sie erhoben sich, gingen zum Fenster und blieben dort, sich umschlungen haltend. Herr Samsa drehte sich in seinem Sessel nach ihnen um und beobachtete sie still ein Weilchen. Dann rief er: „Also kommt doch her. Laßt schon endlich die alten Sachen. Und nehmt auch ein wenig Rücksicht auf mich." Gleich folgten ihm die Frauen, eilten zu ihm, liebkosten ihn und beendeten rasch ihre Briefe.

Dann verließen alle drei gemeinschaftlich die Wohnung, was sie schon seit Monaten nicht getan hatten, und fuhren mit der Elektrischen ins Freie vor die Stadt. Der Wagen, in dem sie allein saßen, war ganz von warmer Sonne durchschienen. Sie besprachen, bequem auf ihren Sitzen zurückgelehnt, die Aussichten für die Zukunft, und es fand sich, daß diese bei näherer Betrachtung durchaus nicht schlecht waren, denn aller drei Anstellungen waren, worüber sie einander eigentlich noch gar nicht ausgefragt hatten, überaus günstig und besonders für später vielversprechend. Die größte augenblickliche Besserung der Lage mußte sich natürlich leicht durch einen Wohnungswechsel ergeben; sie wollten nun eine kleinere und billigere, aber besser gelegene und überhaupt praktischere Wohnung nehmen, als es die jetzige, noch von Gregor ausgesuchte war. Während sie sich so unterhielten, fiel es Herrn und Frau Samsa im Anblick ihrer immer lebhafter werdenden Tochter fast gleichzeitig ein, wie sie in der letzten Zeit trotz aller Plage, die ihre Wangen bleich gemacht hatte, zu einem schönen und üppigen Mädchen aufgeblüht war. Stiller werdend und fast unbewußt durch Blicke sich verständigend, dachten sie daran, daß es nun Zeit sein werde, auch einen braven Mann für sie zu suchen. Und es war ihnen wie eine Bestätigung ihrer neuen Träume und guten Absichten, als am Ziele ihrer Fahrt die Tochter als erste sich erhob und ihren jungen Körper dehnte.

Franz Kafka, Die Verwandlung, in: Franz Kafka, Sämtliche Erzählungen, Fischer TB 1078, Frankfurt/M. 1975, S. 98 f.

Aufgaben:
1. Ordnen Sie den Textausschnitt in den Handlungsverlauf der Erzählung ein!
2. Deuten Sie die Textstelle psychoanalytisch!

Klausur 5

Text:

... „Mich beschäftigte nur die Sorge um mich, diese aber in verschiedenster Weise. Etwa als Sorge um meine Gesundheit; es fing leicht an, hier und dort ergab sich eine kleine Befürchtung wegen der Verdauung, des Haarausfalls, einer Rückgratsverkrümmung und so weiter, das steigerte sich in unzählbaren Abstufungen ... Damit war der Weg zu aller Hypochondrie frei, bis dann unter der übermenschlichen Anstrengung des Heiratenwollens das Blut aus der Lunge kam, woran ja die Wohnung im Schönbornpalais (1) genug Anteil haben kann."

(1) Kafkas Prager Wohnung im Jahre 1917

Franz Kafka, Brief an den Vater, Fischer TB 1629, Frankfurt/M. 1966, S. 53

Aufgaben:

1. Deuten Sie Kafkas Persönlichkeitsbild, wie es in dem Auszug aus Kafkas „Brief an den Vater" (1919) zum Ausdruck kommt, *psychoanalytisch!*
2. Zeigen Sie anhand selbstgewählter Beispiele, wie sich Kafkas psychische Struktur in seinem literarischen Werk niederschlägt!

Klausur 6

Text:

Am 16. Julius.

Ach wie mir das durch alle Adern läuft, wenn mein Finger unversehens den ihrigen berührt, wenn unsere Füße sich unter dem Tische begegnen! Ich ziehe zurück wie vom Feuer, und eine geheime Kraft zieht mich wieder vorwärts – mir wird's so schwindelig vor allen Sinnen. – O! und ihre Unschuld, ihre unbefangene Seele fühlt nicht, wie sehr mich die kleinen Vertraulichkeiten peinigen. Wenn sie gar im Gespräch ihre Hand auf die meinige legt und im Interesse der Unterredung näher zu mir rückt, daß der himmlische Atem ihres Mundes meine Lippen erreichen kann: – ich glaube zu versinken, wie vom Wetter gerührt. – Und, Wilhelm! wenn ich mich jemals unterstehe, diesen Himmel, dieses Vertrauen –! Du verstehst mich. Nein, mein Herz ist so verderbt nicht! Schwach! schwach genug! – Und ist das nicht Verderben? –

Sie ist mir heilig. Alle Begier schweigt in ihrer Gegenwart. Ich weiß nie, wie mir ist, wenn ich bei ihr bin; es ist, als wenn die Seele sich mir in allen Nerven umkehrte. – Sie hat eine Melodie, die sie auf dem Klavier spielet mit der Kraft eines Engels, so simpel und so geistvoll! Es ist ihr Leiblied, und mich stellt es von aller Pein, Verwirrung und Grillen her, wenn sie nur die erste Note davon greift.

Kein Wort von Zauberkraft der alten Musik ist mir unwahrscheinlich. Wie mich der einfache Gesang angreift! Und wie sie ihn anzubringen weiß, oft zur Zeit, wo ich mir eine Kugel vor den Kopf schießen möchte! Die Irrung und Finsternis meiner Seele zerstreut sich, und ich atme wieder freier.

Quelle: Goethe, Die Leiden des jungen Werther, Editionen für den Literaturunterricht, Klett-Verlag, Stuttgart 1979, S. 37

Aufgaben:
1. Deuten Sie die Textstelle psychoanalytisch!
2. Gehen Sie dabei vor allem auf die Liebesvorstellung Werthers ein!

(*Anmerkung:* Wenn die Schüler den „Werther" nicht im Unterricht behandelt haben, sollte eine Literaturgeschichte mit einer Inhaltsübersicht bereit liegen).

Stundenblätter Deutsch für die Sekundarstufe I

Peter Bekes
Frank Wedekind
„Frühlings Erwachen"
Klettbuch 927412

Jörg Bohse/Wolfgang Pasche
„Götz von Berlichingen"
Klettbuch 927351

Manfred Eisenbeis
Frisch
„Andorra"
Klettbuch 927251

Günter Falch
Familienprobleme
im Jugendbuch
Nöstlinger, Wir pfeifen auf den
Gurkenkönig (Kl. 5)
Haugen, Die Nachtvögel (Kl. 6)
Klettbuch 927484

Hartmut Fischer/Otmar Leppla
Aufsatz – Erzählen/Appellieren
7./8. Schuljahr
Klettbuch 927326

Hartmut Fischer/Otmar Leppla
Aufsatz –
Informieren/Argumentieren
7./8. Schuljahr
Klettbuch 927325

Dorothea Freudenreich/Fritz Sperth
Rollenspiele im
Literaturunterricht
Klettbuch 927421

Heribert Gorzawski
„Tonio Kröger"
Klettbuch 927461

Peter Haida
Keller/„Romeo und Julia
auf dem Dorfe"
Klettbuch 927291

Winfried Hermann
„Der Papalagi –
Ein Südseehäuptling
erlebt unsere Zivilisation"
Klettbuch 927301

Otmar Leppla/Hartmut Fischer
Plenzdorf
„Die neuen Leiden des jungen W."
Klettbuch 927481

Rosemarie Lutz/Udo Müller
Stundenblätter Fabeln
Klettbuch 927483

Peter Kohrs
Aufsatz – Erzählen
5./6. Schuljahr
Klettbuch 927486

Peter Kohrs
Aufsatz –
Informieren/Appellieren
5./6. Schuljahr
Klettbuch 927488

Rosemarie Lutz/Udo Müller
Fabeln
Klettbuch 927483

Dieter Schiller
Alfred Andersch
„Sansibar oder der letzte Grund"
Klettbuch 927141

Günter Scholdt/Dirk Walter
„Hauptmann von Köpenick"
Klettbuch 927131

Barbara Stamer
Märchen
für das 5.–7. Schuljahr
Klettbuch 927241

Stundenblätter Deutsch für die Sekundarstufe II